AF249267

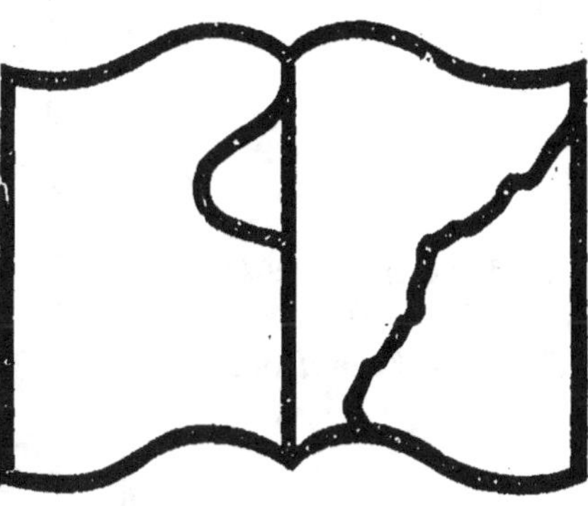

Texte détérioré — reliure défectueuse
NF Z 43-120-11

Couverture inférieure manquante

Protection des

...TION DES ENFANTS

DU

PREMIER AGE

(EXÉCUTION DE LA LOI DU 23 DÉCEMBRE 1874)

Instruction générale du 15 juin 1877. — Loi du 23 décembre 1874. — Règlement d'administration publique du 27 février 1877. — Organisation des commissions locales et de l'inspection médicale. — FORMULAIRE.

PARIS

IMPRIMERIE ET LIBRAIRIE ADMINISTRATIVES

DE PAUL DUPONT

41, rue Jean-Jacques-Rousseau (Hôtel des Fermes)

1878

PRÉFECTURE DE SAÔNE-ET-LOIRE

RECUEIL DES ACTES ADMINISTRATIFS. — 1878.

Ministère de l'intérieur. — Direction de l'administration départementale et communale. — 1re division. — 3e bureau.

PROTECTION DES ENFANTS DU PREMIER AGE

(Exécution de la loi du 23 décembre 1874.)

(LOI, RÈGLEMENT, CIRCULAIRES ET INSTRUCTIONS.)

INSTRUCTION GÉNÉRALE.

Paris, le 15 juin 1877.

MONSIEUR LE PRÉFET, à la date du 20 mars 1877 (1), je vous ai transmis un exemplaire du règlement d'administration publique, élaboré en exécution de l'article 12 de la loi du 23 décembre 1874, sur la protection des enfants du premier âge, et promulgué au *Journal officiel* du 28 février dernier.

Ainsi se trouve complétée cette législation nouvelle réclamée depuis longtemps par l'opinion publique, votée par l'Assemblée nationale, et dont l'application doit mériter de votre part la plus vive sollicitude.

Pour faciliter votre tâche, j'ai jugé opportun de joindre au décret du 28 février 1877 les éclaircissements de détail qui ressortent tant des travaux préparatoires du comité supérieur que de la discussion du projet au sein du Conseil d'Etat.

Si, malgré ces explications, quelque doute vous arrêtait dans l'application d'une des dispositions réglementaires, vous devriez, Monsieur le Préfet, m'en référer immédiatement.

TITRE Ier.

Organisation du service.

Avant d'entrer dans le détail des attributions de chacune des autorités que la loi appelle à concourir à la protection des enfants du premier âge, le règlement énumère ces autorités dans un article unique, de manière à bien déterminer l'étendue du service et à en faire nettement ressortir l'économie. Vous savez, dès à présent, Monsieur le Préfet, quels sont les auxiliaires que vous donne la loi ; les autres sections du titre Ier vous indiqueront le rôle qui est assigné à chacun d'eux et la part d'action qui leur est réservée.

---

1) *Voir* page 31.

1re Section.

Commissions locales.

Pour être efficace, la charité doit être localisée ; plus le champ sur lequel elle s'exerce est restreint, plus son heureuse influence se fait sentir. Cette pensée a constamment présidé à l'organisation du service nouveau dont je dois vous entretenir.

L'enfant a besoin pour vivre et pour grandir d'être entouré de soins de chaque instant ; ceux qui sont chargés de veiller sur lui ne doivent pour ainsi dire pas le quitter des yeux. Il fallait donc que la surveillance organisée par la loi fût confiée à une autorité qui, placée près des nourrices, pût, par des visites fréquentes et imprévues, surprendre le genre de vie fait à l'enfant, et s'assurer que la nourrice comprend et pratique réellement ses devoirs.

A cet effet, il a été décidé que, partout où les enfants placés en nourrice ou en sevrage seront assez nombreux pour justifier la création d'un service de surveillance, ce service aura pour premier organe une commission instituée dans la commune même, et dont les pouvoirs seront limités à la circonscription communale. Cette commission sera composée, en dehors des membres de droit, de personnes nommées et révocables par vous.

Il vous appartiendra, Monsieur le Préfet, d'apprécier, d'après la connaissance des besoins locaux, quelles sont les communes de votre département où une commission devra être instituée. Ma circulaire du 20 mars contient, à cet égard, des recommandations générales auxquelles je me réfère. Vous n'oublierez pas cependant que la commission locale est, de tous vos auxiliaires, le plus puissant et le plus direct, et que là où vos renseignements vous auront signalé la présence d'un certain nombre de femmes exerçant la profession de nourrice, sevreuse ou gardeuse, vous devrez vous assurer le concours de cette commission, dont l'organisation, déterminée par l'article 2 du règlement, vous rendra d'ailleurs le recrutement toujours facile.

Composition de la commission.

La commission comprend tout d'abord, aux termes mêmes de la loi, deux mères de famille. Il n'est guère de commune où ne se rencontrent quelques femmes dévouées au bien, habituées aux soins que réclame l'enfance : l'opinion locale vous les désignera ; au besoin, vous vous éclairerez des indications des maires, des curés et desservants.

Membres de droit.

L'article 2 du règlement indique, en effet, comme membres de droit, à côté des deux mères de famille, le maire, président, et le curé. Je n'ai pas besoin de vous rappeler que s'il existe plusieurs prêtres dans la commune, il y a lieu, suivant la jurisprudence de mon ministère, d'accord avec celle des cultes, de désigner l'ecclésiastique le plus élevé en grade, et s'ils sont du même grade, le titulaire le plus ancien.

La même doctrine s'applique aux membres du clergé protestant ou israélite, dans le cas prévu par l'article 2, § 3.

Nomination du secrétaire.

D'après le projet primitif, l'instituteur faisait partie de la commission comme membre de droit, au titre et avec les fonctions de secrétaire, et à moins de circonstances dont vous seul serez juge, il sera bon de le nommer membre de cette commission. Mais le Conseil d'Etat, tout en approuvant en principe la désignation de l'instituteur aux fonctions de secrétaire, a prévu le cas où le choix ne serait pas possible ; il a été entendu, en conséquence, dans la discussion, que la commission resterait maîtresse de la nomination de son secrétaire : elle devra y procéder dans la séance ordinaire du mois de janvier de chaque année.

Telle est, Monsieur le Préfet, la composition normale de la commission. Vous demeurez libre d'augmenter le nombre de ses membres suivant les besoins locaux ; pour le fixer, vous tiendrez compte de l'étendue de la circonscription communale, du nombre de hameaux dont elle se compose et de la distance qui les sépare, du nombre d'enfants à surveiller ; en un mot, de tous les éléments qui peuvent rendre le rôle des visiteurs plus nécessaire ou plus difficile à remplir.

Réunion des commissions. — Réunions ordinaires.

En ce qui touche les réunions de la commission, l'article 5 porte qu'elles doivent avoir lieu une fois par mois. Il serait à souhaiter que le jour des réunions fût fixé au début de l'année ; car, vous le savez, le médecin inspecteur a droit d'entrée aux séances des commissions de la circonscription, avec voix consultative. La détermination d'un jour fixe lui permettrait de s'y préparer à l'avance et de distribuer ses occupations de manière à avoir la libre disposition de son temps. Lorsque les communes seront peu distantes les unes des autres, vous pourrez inviter les maires de ces communes à choisir le même jour pour la tenue des séances. Le médecin inspecteur trouverait souvent dans cette combinaison un allégement à sa mission.

Réunions extraordinaires.

En dehors des réunions mensuelles ordinaires, la commission peut être convoquée extraordinairement par le maire, soit d'office, soit sur la demande du médecin inspecteur, ou d'un membre de la commission. (Art. 5.)

Convocations.

Dans ce cas, une convocation devra être adressée, un jour au moins à l'avance, aux médecins inspecteurs et aux membres titulaires.

Lieu de réunion.

Le décret fixe également le lieu de réunion de la commission : c'est à la mairie que devront être tenues les séances. (Art. 5, § 2.)

Procès-verbaux.

Les procès-verbaux, signés par tous les membres présents, seront transcrits sur le registre dont il est fait mention à l'article 41.

Le registre demeurera aux archives de la mairie ; le maire pourra en autoriser la communication, sans déplacement, à toute personne qui lui en fera la demande.

Copie de la délibération vous sera transmise dans la huitaine.

Attributions des commissions.

Les réunions de la commission présenteront le double avantage de stimuler le zèle de chacun, et, lorsque les mesures de rigueur deviendront nécessaires, de donner à ses résolutions une plus grande autorité. En effet, le règlement prévoit dans son article 7 le cas où la vie, la santé même de l'enfant nécessiterait son déplacement. Le même article indique la procédure à suivre ; saisie de la question, la commission avisera. Si le retrait du nourrisson est prononcé, le maire devra aussitôt mettre les parents en demeure d'avoir à reprendre leur enfant. Si le médecin est présent à la délibération, son avis, consigné au procès-verbal, sera joint à la mise en demeure. Copie de la décision vous sera en même temps adressée. Suivant le degré d'urgence et sur l'avis de la commission, le maire effectuera immédiatement le retrait de l'enfant, ou attendra la réponse des parents et les instructions que vous jugeriez à propos de lui transmettre. En cas d'exécution de la mesure, les parents en seront aussitôt informés et vous devrez en recevoir avis.

Vous remarquerez, Monsieur le Préfet, que, conformément à la volonté du législateur, le règlement vous réserve la décision définitive. Les mesures prises par les autorités locales sont purement provisoires. (Art. 7, dernier alinéa.)

Vous aurez à vous préoccuper, en cas de silence des parents, du sort de l'enfant, objet du retrait ; vous devrez exiger du médecin inspecteur un rapport indiquant les conditions dans lesquelles le retrait aura été opéré, et si le choix que le maire aura fait d'une nouvelle nourrice, sevreuse ou gardeuse, devra être maintenu. Vous conserverez toujours le droit, en face d'une nécessité démontrée, de prescrire le placement de l'enfant chez une autre femme de la localité ou d'une localité voisine.

Dans l'application de ces mesures délicates, les autorités locales devront faire preuve de la plus grande discrétion. Ce n'est qu'à défaut d'intervention possible des parents en temps utile que l'autorité publique a le droit de se substituer à eux dans l'intérêt de l'enfant. Le règlement a mis en lumière ce principe, en exigeant du maire qu'il adresse une mise en demeure aux parents, avant d'opérer le retrait, et qu'il les informe, sans délai, de la mesure prise.

Il est d'ailleurs permis d'espérer, Monsieur le Préfet, que l'exercice régulier et consciencieux de la surveillance confiée aux membres de la commission rendra très-rare la nécessité de pareilles déterminations de la part de l'autorité.

Soumises à un contrôle de tous les jours, exposées à des visites fréquentes du médecin et des membres de la commission, retenues par la crainte des pénalités qu'édicte la loi nouvelle, encouragées aussi par l'espoir des récompenses qu'il vous appartiendra de proposer en leur faveur, les nourrices, sevreuses ou gardeuses éviteront avec soin tout ce qui serait de nature à compromettre la santé de l'enfant.

Avant la première réunion, le maire aura dû préparer un travail destiné à assurer entre tous les membres une égale répartition des enfants à surveiller. Il tiendra compte du lieu d'habitation des visiteurs et s'efforcera, pour rendre les visites plus faciles et, par là, plus fréquentes, de confier à chacun d'eux les enfants placés dans son voisinage. Ce travail sera soumis à la commission, qui statuera. (Art. 6 du décret.)

Lorsqu'un enfant arrivera dans la commune dans l'intervalle de deux séances, le maire en attribuera *provisoirement* la surveillance à l'un des membres.

Il me serait difficile, Monsieur le Préfet, de formuler ici des prescriptions ayant un caractère absolu. Certains points essentiels méritent cependant votre attention.

Les membres de la commission devront s'enquérir par tous les moyens en leur pouvoir du genre de vie habituel de la nourrice et de la famille, tant au point de vue moral qu'au point de vue matériel, de manière à pouvoir éclairer sur ce point le médecin et leurs collègues. Lors des visites, ils constateront l'état de propreté de l'enfant ; ils examineront avec soin, sous le rapport de la salubrité et de l'aération, la pièce où il couche, l'état des vêtements qui composent la layette et les objets servant à son usage ; ils veilleront à ce que le berceau soit tenu proprement et pourvu de tous les objets nécessaires ; à ce que les cheminées ou les poêles soient munis d'un garde-feu ; ils s'occuperont, en un mot, de tous ces détails qu'il serait impossible d'énumérer limitativement, mais qui, familiers à tous ceux qui ont vu de près l'enfance, ont une si grande importance dans les premières années de la vie. Lorsque l'enfant sera malade, le membre visiteur s'assurera que le médecin a été appelé, veillera à ce que ses prescriptions soient suivies et les remèdes intelligemment administrés ; enfin, il se rappellera que si la nourrice s'est engagée par contrat vis-à-vis des parents à nourrir et à élever leur enfant, il est tenu, par devoir, de suppléer au défaut de présence du père et de la mère ; qu'il est investi par la loi des pouvoirs de surveillance qui découlent de l'autorité paternelle.

Ces indications sont forcément incomplètes. Mais elles suffiront pour servir de guide aux maires dans le cas où vous ne croiriez pas devoir instituer de commission dans leur commune.

Comme président de la commission, le maire en est, pour ainsi dire, le pouvoir exécutif. C'est à lui qu'il appartient d'appliquer les décisions prises. Le règlement lui reconnaît même le droit d'agir seul, en cas de péril imminent, à condition toutefois de vous rendre compte immédiatement.

Comme représentant du pouvoir central dans la commune, s'il n'y existe pas de commission, le maire exercera la surveillance organisée par la loi. Ses devoirs seront alors d'autant plus étroits qu'il supportera seul la responsabilité des accidents qui pourraient survenir.

2ᵉ Section.

Médecins inspecteurs. — Organisation.

Comme pour les commissions locales, la loi laisse l'administration juge de l'opportunité de créer une inspection médicale dans telle ou telle partie du département (Art. 5). Vous aurez donc à m'adresser vos propositions sur ce point. Alors même que certaines communes n'auraient pas de commissions locales, il pourra être utile de s'assurer le concours d'un médecin, car l'action de celui-ci s'étendra sur toute une circonscription, et quel que soit le petit nombre des enfants qui y seront placés, les garanties doivent rester les mêmes. Vous choisirez de préférence les praticiens que leurs études antérieures et les fonctions qu'ils auraient déjà remplies vous paraîtraient rendre plus particulièrement aptes à la mission protectrice que leur confierait l'administration.

Attributions.

Dès qu'un enfant sera placé en nourrice, en sevrage ou en garde dans la commune, et que le maire l'en aura avisé, le médecin inspecteur devra se rendre au domicile de la nourrice. Le délai de huitaine, indiqué dans l'article 10, n'est qu'un délai maximum, et il n'échappera pas au médecin que de cette première visite peut dépendre la vie ou la santé, soit de l'enfant, soit de la femme qui vient de le recevoir. Si, en effet, le médecin reconnaît chez la nourrice ou chez l'enfant des symptômes d'une maladie contagieuse, syphilitique ou autre, il peut et doit faire cesser l'allaitement (Art. 13) ; dans certains cas, il devra provoquer le retrait de l'enfant. Après chaque visite, ses prescriptions devront être indiquées sur le carnet de la nourrice et consignées sur un bulletin qui sera communiqué au maire et à la commission. (Art. 11.)

Lorsque le médecin le jugera nécessaire, il adressera, soit verbalement, soit par écrit, au membre de la commission chargé de surveiller l'enfant, les observations spéciales que la première visite lui aura suggérées. Dans les cas graves, il devra vous faire immédiatement parvenir copie du bulletin remis au maire, en y joignant, s'il y a lieu, un rapport spécial. Les autres bulletins remplis par lui, conformément à la règle générale de l'article 11, feront l'objet d'un rapport trimestriel qui vous sera adressé, et dont vous pourrez transmettre des extraits aux parents qui en feraient la demande. A la fin de chaque année, le médecin inspecteur résumera dans un rapport d'ensemble l'état général de sa circonscription, en insistant, pour les premières années du moins, sur les résultats obtenus par l'application de la loi nouvelle. Aux termes de l'article 10, le médecin inspecteur doit visiter chaque enfant une fois par mois. Le règlement ne pouvait fixer qu'un minimum, mais le médecin trouvera, dans le sentiment de ses devoirs et dans les nécessités du service, la seule règle qui puisse le guider en pareille matière ; il devra, d'ailleurs, visiter l'enfant à toute réquisition du maire. (Art. 10 *in fine*.)

Les soins immédiats à donner aux enfants ne seront pas non plus la seule préoccupation du médecin inspecteur dans ses tournées de visites ; il se rappellera qu'il peut être appelé à provoquer le retrait de l'enfant dans les conditions réglées par l'article 7 et dans les cas prévus par l'article 13. Pour parer à toutes les éventualités, le médecin devra dresser, par commune, une liste des femmes les plus aptes à recevoir un enfant en nourrice, en sevrage ou en garde. Cette liste sera communiquée au maire, afin qu'il puisse au besoin effectuer les déplacements qu'il prescrirait d'office.

Le règlement devait prévoir le cas où le médecin inspecteur de la circonscription, appelé auprès d'un enfant en danger, serait empêché, par une raison de force majeure, de se rendre à la réquisition du maire : l'article 14 autorise en effet le maire à réclamer alors le concours d'un autre médecin. Celui-ci se fera présenter le carnet de la nourrice. Les prescriptions qu'il y consignera porteront, avec sa signature, la mention suivante : « En l'absence du médecin inspecteur et sur la réquisition du maire. »

L'article 15 s'occupe des émoluments que recevront les médecins inspecteurs ; le règlement me laisse le soin d'un fixer le taux d'après les bases arrêtées par le conseil général, sur votre proposition. La plupart du temps, le mode de rémunération le plus équitable consistera à allouer aux médecins inspecteurs une somme annuelle et fixe par enfant. Dans les circonscriptions où l'industrie nourricière est développée, ce système assurera aux médecins une rémunération suffisante. Pour les circonscriptions renfermant peu d'enfants soumis à la surveillance, il sera nécessaire d'accorder aux médecins inspecteurs un traitement fixe et indépendant du nombre de nourrissons à visiter.

Je vous rappellerai enfin, Monsieur le Préfet, que placés hiérarchiquement sous votre direction immédiate, les médecins inspecteurs ne dépendent que de vous; que leur rôle, exclusivement médical, doit se borner à provoquer les décisions administratives; qu'ils ne doivent jamais en prendre personnellement; que les mesures ayant un caractère obligatoire doivent, en effet, toujours émaner soit de votre autorité, soit de celle du maire, avec ou sans avis de la commission locale, suivant qu'il y a ou non péril imminent.

3e SECTION.

Inspecteur des enfants assistés.

Une disposition spéciale de la loi appelle l'inspecteur des enfants assistés, à faire partie du comité départemental, où son expérience et sa compétence spéciale rendront son concours très-utile. Les rapports qui existent entre son service ordinaire et l'organisation créée par la loi du 23 décembre 1874, ont inspiré aux rédacteurs du règlement la pensée d'associer plus intimement ce fonctionnaire à l'œuvre nouvelle, en le chargeant de centraliser sous votre autorité tous les documents relatifs à la surveillance, et d'exercer sur l'ensemble du service un contrôle général. A cet effet, lors de ses tournées périodiques, l'inspecteur devra interroger toutes les sources d'information et il prendra note des faits saillants que vous auriez intérêt à connaître. Ces renseignements, joints aux rapports des médecins inspecteurs que vous lui communiquerez, conformément à l'article 12 du règlement, constitueront les éléments du rapport annuel qu'il doit vous présenter. (Art. 16, 2e alinéa.)

4e SECTION.

Comité départemental.

Les articles suivants ont trait à la composition du comité départemental. Mes précédentes circulaires rendent inutiles de longues explications sur ce point.

Le comité élit, chaque année, un président (Art. 18); il nomme un vice-président s'il le juge à propos; quant aux fonctions de secrétaire, elles paraîtraient naturellement dévolues à l'inspecteur des enfants assistés, qui, résidant au chef-lieu et se trouvant quotidiennement en rapport de service avec vos bureaux, serait plus à même que tout autre d'accomplir cette tâche.

Le comité se réunit au moins une fois par mois, mais il peut être convoqué extraordinairement par vous ou par son président, soit d'office, soit sur la demande d'un de ses membres. (Même article.)

Ses attributions sont consultatives. Vous lui communiquerez les rapports des commissions, ceux des médecins inspecteurs et le travail de l'inspecteur départemental. (Art. 19.)

Lorsqu'il vous paraîtra nécessaire d'instituer des commissions locales, vous devrez prendre son avis avant de statuer ; vous le consulterez de même s'il s'agit de créer une nouvelle circonscription médicale. En un mot, vous devrez avoir recours aux lumières du comité, toutes les fois qu'une question grave, intéressant le service, se présentera dans l'application de la loi ou du règlement.

TITRE II. — *Placements.*

1re Section.

L'article 7 de la loi porte que toute personne qui place un enfant en nourrice, en sevrage ou en garde, moyennant salaire, est tenue, sous les peines édictées par l'article 346 du Code pénal, d'en faire la déclaration à la mairie de la commune où a été déclarée la naissance, et de remettre à la nourrice ou gardeuse un bulletin contenant un extrait de l'acte dressé à la mairie.

Tout officier de l'état civil qui reçoit une déclaration de naissance, devra rappeler ces prescriptions aux déclarants (Art. 20 du décret). Ma dernière circulaire vous indiquait qu'il conviendrait, pour éviter les omissions, de reproduire sur les bulletins de naissance le texte de l'article 7 de la loi. Je ne puis que renouveler ici a même recommandation.

L'article 21 du règlement caractérise la déclaration exigée par la loi, en énumérant les mentions qu'elle doit contenir.

Elle doit être reçue par l'officier de l'état civil et inscrite sur le registre ouvert à cet effet dans chaque commune, et dont je vous envoie ci-joint le modèle.

Les devoirs du maire en cette matière varieront suivant les cas. En effet, quatre hypothèses peuvent se présenter :

1° *L'enfant né dans la commune où a lieu la déclaration doit être placé en nourrice dans la même commune.* Dans ce cas, la mission du maire se borne à recevoir la déclaration, conformément à l'article 21, et à prévenir le médecin (Art. 24) ;

2° *L'enfant né dans la commune où est faite la déclaration doit être envoyé en nourrice dans une autre commune.* Le maire transmet alors copie de la déclaration, dans les trois jours, au maire de la commune où l'enfant doit être conduit (Art. 23);

3° *L'enfant doit être placé en nourrice dans la commune où est faite la déclaration, mais il n'y est pas né.* Le maire de la commune où ont lieu tout à la fois la déclaration et le placement doit en aviser son collègue de la commune de naissance, et prévenir en même temps le médecin, comme il a été dit ci-dessus ,

4° *L'enfant n'est pas né et il ne doit pas être placé dans la commune où est faite la déclaration.* Dans cette hypothèse, l'administration municipale de trois communes est également intéressée à connaître la déclaration, et le maire de la commune où elle a été enregistrée doit immédiatement aviser ses deux collègues.

L'article 22 du décret exige du déclarant la production du carnet dont toute nourrice, sevreuse ou gardeuse, doit être munie, avant de se charger d'un enfant. (Art. 27 du règlement.)

Cette production était nécessaire, puisqu'aux termes du même article 22, le maire, après avoir reçu la déclaration, doit transcrire sur le carnet les mentions indiquées aux numéros 1, 2, 3 et 5 de l'article 21 ; le maire devra donc se refuser à recevoir la déclaration, si la nourrice n'est pas munie du carnet.

Averti qu'un enfant est placé dans sa commune en nourrice, en sevrage ou en garde, le maire doit, dans les trois jours, adresser copie de la déclaration au médecin inspecteur (Art. 24) ; cette disposition a pour but d'informer le médecin qu'il ait à visiter l'enfant dans un délai qui ne peut excéder huit jours (Art. 10). Dans le cas où l'état de l'enfant nécessiterait d'urgence la présence du médecin, le maire joindrait à l'envoi de la déclaration une note spéciale. Ce point a déjà été traité à propos des devoirs des médecins de circonscription.

2e SECTION.

Les dispositions de cette section, Monsieur le Préfet, devront faire, de votre part, l'objet d'une attention particulière, et les instructions que vous adresserez aux maires à cet égard devront être très-précises. Il s'agit, en effet, des formalités destinées à s'assurer de l'aptitude physique et morale de la femme qui veut se charger d'un enfant ; de leur observation peut dépendre l'existence de celui-ci.

Parmi ces formalités, les unes sont préalables au placement ; telles sont, par exemple, la délivrance du certificat du maire, du certificat médical et du carnet ; d'autres sont imposées à la nourrice lorsque l'enfant lui est déjà confié. (Art. 9 de la loi, art. 25, 27, 28, 29 et 30 du règlement.)

Certificat du maire.

L'article 27 exige de toute femme qui veut se charger d'un enfant qu'elle ait obtenu du maire un certificat faisant connaître le signalement de la nourrice, ses nom, prénoms, domicile et profession, la date et le lieu de sa naissance, l'état civil, les nom, prénoms et profession de son mari, la date de la naissance de son dernier enfant, et indiquant si cet enfant est vivant (Art. 28). Telles sont les mentions essentielles que doit contenir le certificat, et dont l'absence entraînerait pour le maire l'application de la peine édictée à l'article 50 du Code civil (Art. 10 de la loi). Cette première partie du certificat ne comprend d'ailleurs que la constatation de faits dont le maire pourra aisément contrôler et affirmer l'authenticité.

L'article 28 ajoute que le maire devra indiquer dans le certificat les renseignements qu'il aura pu recueillir, après enquête, sur la conduite et les moyens d'existence de la nourrice ; c'est à ce titre que le certificat fera connaître si la nourrice est mariée, si son mari l'a autorisée à se charger d'un enfant, si elle a déjà élevé un ou plusieurs enfants moyennant salaire, à quelle époque elle a été chargée de ces enfants, comment elle s'est comportée à leur égard., etc. Mais vous remarquerez, Monsieur le Préfet, qu'il s'agit ici de simples renseignements; que le maire doit interpeller la nourrice et se borner à mentionner ses réponses. Il était, en effet, impossible d'exiger du maire qu'il certifiât, sous sa responsabilité personnelle, l'exactitude de renseignements de la nature de ceux que je viens d'indiquer. Sans doute il devra user de tous les moyens d'investigation qui seront en son pouvoir pour s'assurer des garanties qu'offrira le placement ; il s'efforcera de vérifier, soit par lui-même, soit par un de ses agents, l'état de salubrité et de propreté de l'habitation. Dans les communes où une commission locale aura été instituée, le maire pourra aussi charger un de ses membres de contrôler les assertions de la nourrice ; mais, je le répète, il serait aussi contraire à la lettre qu'à l'esprit du règlement, de rendre ce fonctionnaire personnellement responsable de l'exactitude de faits souvent difficiles à constater et laissant toujours une certaine place à l'appréciation.

Dans le cas où l'enquête relèverait des faits graves, de nature à compromettre la santé d'un nourrisson, le maire devra surseoir à la délivrance du certificat. Il vous adressera alors, dans le plus bref délai possible, un rapport relatant les motifs de sa détermination ; vous transmettrez, s'il y a lieu, ce rapport au médecin inspecteur de la circonscription pour avoir son avis. Suivant les cas, vous enjoindrez au maire de délivrer le certificat ou vous l'informerez au contraire qu'il y a lieu de maintenir le refus.

Certificat médical.

La nourrice doit être, en outre, munie d'un certificat médical (Art. 27) attestant qu'elle remplit les conditions désirables pour élever un nourrisson, qu'elle n'a ni infirmités, ni maladies contagieuses, qu'elle est vaccinée. (Art. 29.)

Ce certificat doit être délivré par un médecin ou un officier de santé, soit au lieu de résidence de la nourrice, soit dans la commune où elle vient chercher l'enfant. Si le médecin croyait ne pas devoir délivrer le certificat, il vous en référerait aussitôt.

Carnet.

Munie des deux certificats ci-dessus indiqués, la nourrice devra obtenir le carnet spécifié à l'article 30 du règlement, qui lui sera délivré gratuitement, à Paris par le préfet de police, à Lyon par le préfet du Rhône, et dans les autres communes par le maire (Art. 30). Je joins à ma circulaire un modèle de carnet.

Le décret laisse à la nourrice la faculté d'obtenir le carnet, soit à la mairie de sa résidence, soit dans la commune où elle reçoit l'enfant (Art. 30, § 2). Dans ce dernier cas, le carnet ne lui sera délivré que sur le vu du certificat du maire de sa commune. Le règlement a voulu lui éviter ainsi les retards et les frais qu'auraient entraînés l'obligation de retourner, en cas d'oubli, à la commune d'origine. Mais les maires devront veiller autant que possible à ce que les femmes qui quitteront leur commune pour aller chercher un enfant se munissent par avance du carnet. En leur délivrant le certificat exigé par l'article 28, ils s'efforceront de leur faire comprendre qu'il est de leur propre intérêt de ne se présenter, soit au bureau de placement, soit chez les parents eux-mêmes, que munies de toutes les pièces exigées par la loi et le règlement.

Les conditions auxquelles sont soumises les nourrices, au point de vue des certificats et du carnet, s'appliquent aussi aux sevreuses et gardeuses, sauf, bien entendu, la condition d'aptitude à l'allaitement au sein. (Art. 31.)

Une nourrice ne peut allaiter d'autre enfant que son nourrisson; tel est le principe général posé par l'article 25. Le maire devra donc, lorsqu'il aura reçu la déclaration prescrite par l'article 9 de la loi, s'assurer que l'enfant de la déclarante est lui-même pourvu d'une nourrice, ou bien qu'il est sevré. Si la nourrice contrevenait aux prescriptions réglementaires de l'article 25, le maire préviendrait aussitôt les parents, et pourrait, en cas de silence de ceux-ci, provoquer ou prononcer, suivant les circonstances, le retrait du nourrisson.

Le règlement admet cependant la possibilité d'une exception à ce principe. Mais il faudra, pour qu'une femme puisse se charger de deux nourrissons, qu'elle obtienne une autorisation spéciale délivrée par le médecin inspecteur, ou, s'il n'en n'existe pas dans le canton, par un docteur ou par un officier de santé. L'autorisation ne devra être accordée par le médecin que sur le vu du consentement écrit des parents de l'un et de l'autre enfant.

Pour les sevreuses et gardeuses, la règle devait être moins sévère. Les conditions d'hygiène et de salubrité sont les seules considérations qui doivent alors préoccuper l'autorité publique ; on comprend aisément qu'une même femme puisse, lorsque le lieu d'habitation le permettra, prendre en garde ou en sevrage plusieurs enfants. Cependant, au delà de deux enfants, une autorisation spéciale devient nécessaire. Elle doit être délivrée après examen préalable par la commission locale et, à défaut de commission, par le maire. (Art. 26.)

Lorsqu'une nourrice, sevreuse ou gardeuse reçoit chez elle un enfant, elle est tenue d'en faire la déclaration à la mairie de son domicile, dans les trois jours de l'arrivée, et de remettre le bulletin mentionné à l'article 7 de la loi.

Elle devra, en cas de changement de résidence, renouveler la déclaration à la mairie de son nouveau domicile. (Art. 9 de la loi.)

Une des premières obligations de la nourrice sera de faire vacciner l'enfant, s'il ne l'a pas encore été (Art. 32 du décret). Les maires veilleront à ce que cette prescription formelle du règlement reçoive son application. Certains préjugés subsistent parfois dans les campagnes contre la vaccine ; l'administration devra s'efforcer de les dissiper. Les maires rappelleront aux nourrices que, faute par elles de se conformer aux prescriptions de l'article 32, elles engageraient gravement leur responsabilité.

Au moment où les travaux des champs obligent les femmes à des déplacements qui durent quelquefois plusieurs jours, il arrive qu'elles confient leur nourrisson à une voisine ou à une parente. Ce fait peut avoir des conséquences fâcheuses pour la santé de l'enfant ; de plus, il suspend momentanément l'exécution du contrat intervenu entre les parents et la nourrice. A ce double titre, l'intervention de l'autorité publique est nécessaire. Le maire doit être averti, et s'il juge que le placement projeté, bien que provisoire, n'offre pas des garanties suffisantes, il pourra s'opposer à ce que la nourrice l'effectue.

Enfin, lorsqu'une femme voudra rendre l'enfant avant qu'il lui ait été réclamé, elle devra informer le maire de son intention (Art. 34). Généralement, le motif qui la déterminera sera le non-payement du salaire convenu, l'apparition ou le développement d'une maladie grave. Dans l'un et l'autre cas, le maire en instruira les parents et le maire de leur domicile : en cas d'abandon, il suivra la procédure ordinaire pour faire admettre l'enfant au nombre des enfants assistés.

3ᵉ Section.

Les dispositions de cette section sont relatives aux bureaux de nourrices et aux meneurs et meneuses. Les articles 35, 36 et 37 sont assez explicites pour rendre tout commentaire inutile. Vous n'ignorez pas, Monsieur le Préfet, à combien de plaintes souvent justifiées les établissements visés par le règlement ont donné lieu. Ce n'est que par une surveillance sévère que l'autorité publique peut prévenir les abus. La loi (Art. 11) vous met entre les mains les moyens d'exercer efficacement cette surveillance.

Vous êtes, dès aujourd'hui, investi d'un pouvoir discrétionnaire, qui vous permet de refuser l'autorisation et de la retirer ; à l'aide de votre sanction et des pénalités édictées à l'article 11, le retour des anciens abus ne sera plus à craindre. Mais c'était peu d'assurer dans l'avenir une réglementation sévère. Le décret veut que les établissements actuellement existants obtiennent une autorisation nouvelle ; vous ne la leur accorderez qu'après une enquête portant sur tous les points qui peuvent intéresser la salubrité, les mœurs ou l'ordre public. En conséquence, vous ferez dresser, dans le plus bref délai possible, la liste de tous les établissements de ce genre ouverts dans votre département ; vous chargerez les médecins inspecteurs ou, à leur défaut, des médecins commis par vous à cet effet, de les visiter, d'examiner les voitures servant au transport des nourrices et des enfants, et de vous signaler les inconvéniens graves auxquels il leur paraîtrait nécessaire de remédier. Vous inviterez en même temps MM. les sous-préfets à vous transmettre des renseignements sur la moralité du personnel employé dans ces établissements ; vous pourrez aussi utilement consulter le conseil d'hygiène.

Lorsque les faits relatés dans les rapports des médecins ou des sous-préfets le comporteront, vous mettrez le directeur de l'établissement en demeure d'opérer, dans un délai déterminé, les changements jugés nécessaires. Vous communiquerez cette mise en demeure au médecin chargé de la première visite, lequel devra, avant le terme fixé, visiter de nouveau l'établissement et constater, dans un rapport qu'il vous adressera, que vos instructions ont été suivies. Ce rapport devra être visé dans l'arrêté par lequel vous accorderez ou vous refuserez l'autorisation.

Il est bien entendu que vous devrez exiger les mêmes garanties des nourrisseries et en général de tous les établissements, de quelque nom qu'ils s'appellent, où seront reçus les enfants en nourrice ou en garde. (Art. 38 du règlement.)

TITRE III. — *Registres.*

L'article 10 de la loi porte qu'il doit être ouvert dans les mairies un registre spécial pour les déclarations prescrites aux parents et aux nourrices. Le Conseil d'État a pensé que, pour éviter toute confusion d'écritures, il y avait lieu d'affecter à ces déclarations des registres distincts : toute mairie devra donc être pourvue de deux registres, qu'il y ait ou non actuellement dans la commune des enfants en nourrice, en sevrage ou en garde.

Les registres seront cotés, paraphés et vérifiés par le juge de paix, qui fera chaque année un rapport au procureur de la République sur les résultats de cette vérification, Ce rapport vous sera transmis. (Art. 10 de la loi.)

En cas d'absence ou de tenue irrégulière du registre, le maire est passible de la peine édictée par l'article 50 du Code civil.

Ce serait à tort, Monsieur le Préfet, que, dans cette disposition de la loi du 23 décembre 1874, on voudrait reconnaître l'indice d'une assimilation quelconque avec les règles qui sont spécialement applicables à l'état civil. Si le législateur a édicté la même peine, c'est par voie de référence et par raison d'analogie entre les moyens de constatation employés dans les deux cas. Mais l'objet des deux textes, comme leur conséquence légale, n'en reste pas moins distinct.

L'article 40 ordonne au médecin de tenir à jour un livre portant un certain nombre de mentions relatives à la condition de l'enfant et de la nourrice. Ce livre devra être coté et paraphé par le juge de paix, comme il est dit pour le registre tenu par les maires. Le médecin le communiquera aux commissions locales toutes les fois que celles-ci le demanderont. Les parents pourront aussi en obtenir des extraits.

De son côté, le secrétaire de la commission locale devra tenir un registre en deux parties : l'une contenant les procès-verbaux des réunions et consignant les décisions prises ; l'autre indiquant les noms et adresses des nourrices, sevreuses ou gardeuses, ainsi que les noms et l'âge des enfants qui leur sont confiés. Les membres de la commission y inscriront la date des visites faites par eux. Le médecin inspecteur prendra connaissance du registre lors de ses visites dans la commune et y apposera son visa. (Art. 41.)

Enfin, les directeurs de bureaux et logeurs de nourrices sont tenus d'avoir un registre coté et paraphé, à Paris et à Lyon, par le commissaire de police de leur quartier ; dans les autres communes, par le maire. L'article 37 indique les mentions que ce registre doit contenir. Les commissaires de police et les maires devront en vérifier la tenue et signaler l'inobservation des prescriptions réglementaires. Ils provoqueraient, s'il y avait lieu, de votre part, le retrait d'autorisation.

C'est à vous, Monsieur le Préfet, que la loi confie la direction du service dans le département ; c'est à vous qu'incombe le soin d'habituer les populations au régime nouveau, de les familiariser avec les prescriptions de la loi et du règlement, de veiller à ce que chacune des autorités locales comprenne son devoir sans l'exagérer, remplisse sa mission tout entière sans la dépasser. Autant il importe en effet que la loi nouvelle soit partout strictement appliquée, autant il est nécessaire, en présence d'une matière si délicate et d'une réglementation nécessairement compliquée, d'user de ménagement et de prudence. Les maires, armés déjà d'un pouvoir de surveillance sur les nourrices, en vertu des lois de police générale, ont reçu de la loi du 23 décembre 1874 une autorité plus étendue. Les études auxquelles se sont livrés mes prédécesseurs, les enquêtes dont la protection du premier âge a été l'objet, ont démontré qu'une surveillance de chaque jour sur les nourrices est le seul remède efficace contre la mortalité des nourrissons. C'est cette surveillance que la loi a voulu organiser, mais il est un principe que le législateur a entendu respecter, c'est le principe de l'autorité paternelle. Si l'administration publique a le droit d'intervenir, ce n'est qu'en cas de négligence coupable de la part de la famille, ou lorsque les parents, éloignés de leur enfant, ne pourraient en temps utile, le protéger dans sa santé ou dans sa vie. Cette pensée fondamentale ressort de la lettre comme de l'esprit de la loi. Elle devra servir de ligne de conduite aux agents placés sous vos ordres et vous inspirer dans les instructions que vous aurez à leur transmettre.

Recevez etc.

Le ministre de l'intérieur,
DE FOURTOU.

ANNEXES.

Loi du 23 décembre 1874.

Art. 1er. Tout enfant, âgé de moins de deux ans, qui est placé, moyennant salaire, en nourrice, en sevrage ou en garde, hors du domicile de ses parents, devient, par ce fait, l'objet d'une surveillance de l'autorité publique, ayant pour but de protéger sa vie et sa santé.

Art. 6. Sont soumis à la surveillance instituée par la présente loi : toute personne ayant un nourrisson ou un ou plusieurs enfants en sevrage ou en garde, placés chez elle moyennant salaire; les bureaux de placement et tous les intermédiaires qui s'emploient au placement des enfants en nourrice, en sevrage ou en garde.

Le refus de recevoir la visite du médecin inspecteur, du maire de la commune, ou de toutes autres personnes déléguées ou autorisées en vertu de la présente loi, est puni d'une amende de cinq à quinze francs (5 à 15).

Un emprisonnement de un à cinq jours peut être prononcé si le refus dont il s'agit est accompagné d'injures ou de violences.

Art. 7. Toute personne qui place un enfant en nourrice, en sevrage ou en garde, moyennant salaire, est tenue, sous les peines portées par l'article 346 du Code pénal, d'en faire la déclaration à la mairie de la commune où a été faite la déclaration de naissance de l'enfant, ou à la mairie de la résidence actuelle du déclarant, en indiquant, dans ce cas, le lieu de la naissance de l'enfant, et de remettre à la nourrice ou à la gardeuse un bulletin contenant un extrait de l'acte de naissance de l'enfant qui lui est confié.

Art. 8. Toute personne qui veut se procurer un nourrisson ou un ou plusieurs enfants en sevrage ou en garde, est tenu de se munir préalablement des certificats exigés par les règlements pour indiquer son état civil et justifier de son aptitude à nourrir ou à recevoir des enfants en sevrage ou en garde.

Toute personne qui veut se placer comme nourrice sur lieu est tenue de se munir d'un certificat du maire de sa résidence, indiquant si son dernier enfant est vivant et constatant qu'il est âgé de sept mois révolus, ou, s'il n'a pas atteint cet âge, qu'il est allaité par une autre femme remplissant les conditions qui seront déterminées par le règlement d'administration publique prescrit par l'article 12 de la présente loi.

Toute déclaration ou énonciation reconnue fausse dans lesdits certificats entraîne l'application au certificateur des peines portées au paragraphe 1er de l'article 155 du Code pénal.

Art. 9. Toute personne qui a reçu chez elle, moyennant salaire, un nourrisson ou un enfant en sevrage ou en garde, est tenue, sous les peines portées à l'article 346 du Code pénal :

1° D'en faire la déclaration à la mairie de la commune de son domicile, dans les trois jours de l'arrivée de l'enfant, et de remettre le bulletin mentionné en l'article 7;

2° De faire, en cas de changement de résidence, la même déclaration à la mairie de sa nouvelle residence;

3° De déclarer, dans le même délai, le retrait de l'enfant par ses parents ou la remise de cet enfant à une autre personne, pour quelque cause que cette remise ait lieu;

4° En cas de décés de l'enfant, de déclarer ce décès dans les vingt-quatre heures.

Après avoir inscrit ces déclarations au registre mentionné à l'article suivant, le maire en donne avis, dans le délai de trois jours, au maire de la commune oú a été faite la déclaration prescrite par l'article 7.

Le maire de cette dernière commune donne avis, dans le même délai, des déclarations prescrites par les n° 2, 3, 4 ci-dessus, aux auteurs de la déclaration de mise en nourrice, en sevrage ou en garde.

Art. 11. Nul ne peut ouvrir ou diriger un bureau de nourrices, ni exercer la profession d'intermédiaire pour le placement des enfants en nourrice, en sevrage ou en garde, et le louage des nourrices, sans en avoir obtenu l'autorisation préalable du préfet de police, dans le département de la Seine, ou du préfet dans les autres départements.

Toute personne qui exerce, sans autorisation, l'une ou l'autre de ces professions ou qui néglige de se conformer aux conditions de l'autorisation ou aux presciptions des règlements, est punie d'une amende de seize à cent francs (16 fr. à 100 fr.). En cas de récidive, la peine d'emprisonnement prévue par l'article 480 du Code pénal peut-être prononcée.

Ces mêmes peines sont applicables à toute sage-femme et à tout autre intermédiaire qui entreprend, sans autorisation, de placer des enfants en nourrice, en sevrage ou en garde.

Si, par suite de la contravention ou par suite d'une négligence de la part d'une nourrice ou d'une gardeuse, il est résulté un dommage pour la santé d'un ou de plusieurs enfants, la peine d'emprisonnement de un à cinq jours peut être prononcée.

En cas de décès d'un enfant, l'application des peines portées à l'article 319 du Code pénal peut être prononcée.

Art. 13. En dehors des pénalités spécifiées dans les articles précédents, toute infraction aux dispositions de la présente loi et des règlements d'administration publique qui s'y rattachent est punie d'une amende de cinq à quinze francs (5 fr. à 15 fr.).

Sont applicables à tous les cas prévus par la présente loi le dernier paragraphe de l'article 463 du Code pénal et les articles 482 et 483 du même Code.

Art. 14. Les mois de nourrice dus par les parents ou par toute autre personne font partie des créances privilégiées et prennent rang entre les n°ˢ 3 et 4 de l'article 2101 du Cod: civil.

CODE PÉNAL.

Art. 319. Quiconque, par maladresse, imprudence, inattention, négligence ou inobservation des règlements, aura commis involontairement un homicide, ou en aura involontairement été la cause, sera puni d'un emprisonnement de trois mois à deux ans et d'une amende de cinquante francs à six cents francs (50 fr. à 600 fr.),

Art. 352. Ceux qui auront exposé et délaissé en un lieu non solitaire un enfant au-dessous de l'âge de sept ans accomplis seront punis d'un emprisonnement de trois mois à un an et d'une amende de seize à cent francs (16 fr. à 100 fr.).

Art. 346. Toute personne qui, ayant assisté à un accouchement, n'aura pas fait la déclaration à elle prescrite par l'article 56 du Code civil, et dans les délais fixés par l'article 55 du même Code, sera punie d'un emprisonnement de six jours à six mois et d'une amende de seize francs à trois cents francs (16 fr. à 300 fr.).

Art. 482. La peine d'emprisonnement pendant cinq jours aura toujours lieu, pour récidive, contre les personnes dans les cas mentionnés en l'article 479.

Art. 483. Il y a récidive, dans tous les cas prévus par le livre IV du Code pénal, lorsqu'il a été rendu contre le contrevenant dans les douze mois précédents, un premier jugement pour contravention de police commise dans le ressort du même tribunal.

RÈGLEMENTS D'ADMINISTRATION PUBLIQUE (1).

Art. 1ᵉʳ. La surveillance instituée par la loi du 23 décembre 1874, en faveur des enfants au-dessous de deux ans, placés, moyennant salaire, en nourrice, en sevrage ou en garde, hors du domicile de leurs parents, est exercée, sous l'autorité du préfet, assisté du comité départemental, par des commissions locales, par les maires, par des médecins inspecteurs, et par l'inspecteur des enfants assistés du département.

Art. 7. Si la commission juge que la vie ou la santé d'un enfant est compromise, elle peut, après avoir mis en demeure les parents et pris l'avis du médecin inspecteur, retirer l'enfant à la nourrice, sevreuse ou gardeuse et le placer provisoirement chez une autre personne. Elle doit, dans les vingt-quatre heures, rendre compte de sa décision au préfet et prévenir de nouveau les parents.

En cas de péril imminent, le président de la commission prend d'urgence, et provisoirement, les mesures nécessaires; il doit, dans les vingt-quatre heures, informer de sa décision la commission locale, le médecin inspecteur et le préfet, et avertir les parents.

---

(1) *Voir* le texte de ce règlement, page 31.

Dans les communes où il n'a pas été institué de commission locale, le maire exerce les pouvoirs conférés à ces commissions par le présent article.

Les mesures prises par les autorités locales, en vertu du présent article, sont purement provisoires ; le préfet statue.

Art. 8. La commission signale au préfet, dans un rapport annuel, les nourrices qui mériteraient une mention spéciale, à raison des bons soins qu'elle donnent aux enfants qui leur sont confiés.

Art. 10. Le médecin inspecteur doit se transporter au domicile de la nourrice, sevreuse ou gardeuse pour y voir l'enfant, dans la huitaine du jour où, en exécution de l'article 24 ci-après, il est prévenu par le maire de l'arrivée de l'enfant dans la commune.

Il doit ensuite visiter l'enfant au moins une fois par mois à toute réquisition du maire.

Art. 11. Après chaque visite, le médecin inspecteur vise le carnet délivré à la nourrice, sevreuse ou gardeuse, en exécution de l'article 30 ci-après, et il y inscrit ses observations ; il transmet au maire un bulletin indiquant la date et les résultats de sa visite. Ce bulletin est communiqué à la commission locale.

En cas de décès de l'enfant, il mentionne sur le bulletin la date et les causes du décès.

Art. 13. Si le médecin reconnaît, soit chez la nourrice, soit chez l'enfant, les symptômes d'une maladie contagieuse, il constate l'état de l'enfant et celui de la nourrice, et il peut faire cesser l'allaitement naturel.

Dans ce cas, ainsi que lorsqu'il constate une grossesse, il informe le maire, qui doit aviser les parents, sans préjudice, s'il y a lieu, des mesures autorisées par l'article 7.

Art. 14. Dès que le maire apprend qu'un enfant placé en nourrice ou en garde dans la commune est malade et manque de soins médicaux, il prévient le médecin inspecteur de la circonscription, et si celui-ci en est empêché, il requiert le médecin le moins éloigné de la résidence de l'enfant. Ce dernier doit, si l'enfant succombe, mentionner les causes du décès dans un bulletin spécial, ainsi qu'il est prescrit à l'article 11 pour le médecin inspecteur.

Art. 21. La déclaration prescrite par l'article 7 de la loi du 23 décembre 1874 à toute personne qui place un enfant en nourrice, en sevrage ou en garde moyennant salaire, est inscrite sur le registre spécial prévu par l'article 10 de la loi.

Elle est signée par le déclarant.

Elle fait connaître :

1° Les noms et prénoms, le sexe, la date et le lieu de naissance de l'enfant.

2° S'il est baptisé ou non ;

3° Les nom, prénoms, profession et domicile des parents ;

4° Les nom, prénoms et domicile de la nourrice, sevreuse ou gardeuse à laquelle l'enfant est confié ;

5° Les conditions du contrat intervenu avec la nourrice, sevreuse ou gardeuse.

Art. 22. Le déclarant doit produire le carnet délivré à la nourrice.

Le maire qui reçoit la déclaration transcrit sur le carnet de la nourrice les indications portées sous les n°ˢ 1, 2, 3 et 5 de l'article précédent.

Art. 25. Il est interdit à toute nourrice d'allaiter un autre enfant que son nourrisson, à moins d'une autorisation spéciale et écrite donnée par le médecin inspecteur, ou, s'il n'existe pas de médecin inspecteur dans le canton, par un docteur en médecine ou un officier de santé.

Art. 26. Nulle sevreuse ou gardeuse ne peut se charger de plus de deux enfants à la fois, à moins d'une autorisation spéciale et écrite donnée par la commission locale ou, à défaut de commission locale, par le maire.

Art. 27. Toute femme qui veut prendre chez elle un enfant en nourrice doit préalablement obtenir un certificat du maire de sa commune et un certificat médical. Elle doit, en outre, se munir du carnet spécifié à l'article 30.

Art. 28. Le certificat délivré par le maire doit être revêtu du sceau de la mairie et contenir les indications suivantes :

1° Nom, prénoms, signalement, domicile et profession de la nourrice, date et lieu de sa naissance ;

2° État civil de la nourrice, nom, prénoms et profession de son mari.

3° Date de la naissance de son dernier enfant, et si cet enfant est vivant.

Le certificat fera connaître si le mari a donné son consentement; il contiendra les renseignements que pourra fournir le maire sur la conduite et les moyens d'existence de la nourrice, sur la salubrité et la propreté de son habitation. Il constatera la déclaration de la nourrice qu'elle est pourvue d'un garde-feu et d'un berceau.

Sur l'interpellation du maire, la nourrice déclarera si elle a déjà élevé un ou plusieurs enfants moyennant salaire; elle indiquera l'époque à laquelle elle a été chargée de ces enfants, la date et la cause des retraits, et si elle est restée munie des carnets qui lui auraient été précédemment délivrés. Le maire mentionnera dans le certificat les réponses de la nourrice.

Art. 29. Le certificat médical est délivré par le médecin inspecteur où, à défaut de médecin inspecteur habitant la commune où réside la nourrice, par un docteur en médecine ou par un officier de santé; il peut également être délivré dans la commune où la nourrice vient prendre l'enfant; il est dûment légalisé et visé par le maire; il doit attester :

1° Que la nourrice remplit les conditions désirables pour élever un nourrisson ;

2° Qu'elle n'a ni infirmités, ni maladies contagieuses, qu'elle est vaccinée.

Art. 30. Le carnet est délivré gratuitement, à Paris, par le préfet de police; à Lyon, par le préfet du Rhône; dans les autres communes par le maire.

La nourrice peut l'obtenir soit dans la commune où elle réside, soit dans celle où elle vient chercher un enfant : dans ce dernier cas, elle doit produire le certificat du maire de sa commune.

Elle doit se pourvoir d'un carnet nouveau chaque fois qu'elle prend un nouveau nourrisson.

Le certificat délivré à la nourrice par le maire de sa commune et le certificat médical sont inscrits sur le carnet. S'ils ont été délivrés à part, ils y sont textuellement transcrits.

Le carnet est disposé de manière à recevoir en outre les mentions suivantes :

1° L'extrait de l'acte de naissance de l'enfant, la date et le lieu de son baptême, les noms, profession et demeure des parents ou des ayants droit à défaut de parents connus, la date et le lieu de la déclaration faite en exécution de l'article 7 de la loi;

2° La composition de la layette remise à la nourrice;

3° Les dates des payements des salaires;

4° Le certificat de vaccine;

5° Les dates des visites du médecin inspecteur et des membres de la commission locale avec leurs observations;

6° Les déclarations prescrites par l'article 9 de la loi;

Le carnet reproduit le texte des articles du Code pénal, du règlement d'administration publique et du règlement particulier fait par le préfet, en exécution de l'article 12 de la loi, qui intéressent directement les nourrices, sevreuses ou gardeuses, les intermédiaires et les directeurs de bureaux de placement.

Il contient, en outre, des notes élémentaires sur l'hygiène du premier âge.

Art. 31. Les conditions concernant les certificats, l'inscription et le carnet sont applicables aux femmes qui veulent se charger d'enfants en sevrage ou en garde, à l'exception de la condition d'aptitude à l'allaitement au sein.

Art. 32. Si l'enfant n'a pas été vacciné, la nourrice doit le faire vacciner dans les trois mois du jour où il lui a été confié.

Art. 33. La nourrice, sevreuse ou gardeuse ne peut, sous aucun prétexte, se décharger, même temporairement, du soin d'élever l'enfant qui lui a été confié, en le remettant à une autre nourrice, sevreuse ou gardeuse, à moins d'une autorisation écrite donnée par les parents ou par le maire, après avis du médecin inspecteur.

Art. 34. La nourrice, sevreuse ou gardeuse, qui veut rendre l'enfant confié à ses soins avant qu'il lui ait été réclamé, doit en prévenir le maire.

Art. 35. La demande en autorisation d'ouvrir un bureau de nourrices ou d'exercer la profession de placer des enfants en nourrice, en sevrage ou en garde, est adressée au préfet du département où le pétitionnaire est domicilié. Elle fait connaître les départements dans lesquels celui-ci se propose de prendre ou de placer des enfants.

Le préfet communique la demande aux préfets des autres départements intéressés, et s'assure de la moralité du demandeur. Il fait examiner les locaux affectés aux nourrices et aux enfants, s'il s'agit d'un bureau de placement, ou les voitures affectées au transport des nourrices et de leurs nourrissons, s'il s'agit de meneurs ou de meneuses.

L'arrêté d'autorisation détermine les conditions particulières auxquelles le permissionnaire est astreint dans l'intérêt de la salubrité, des mœurs et de l'ordre public.

Ces conditions sont affichées dans l'intérieur des bureaux ainsi que les prescriptions légales et réglementaires imposées aux directeurs de bureaux et aux meneurs ou meneuses, et les peines édictées par l'article 6 de la loi contre ceux qui refuseraient de recevoir la visite des personnes autorisées en vertu de ladite loi.

L'autorisation peut toujours être retirée.

Dans le cas où l'industrie doit être exercée, dans plusieurs départements, il est donné avis de l'arrêté d'autorisation ou de l'arrêté de retrait aux préfets de tous les départements intéressés.

Art. 36. Il est interdit aux directeurs des bureaux de nourrices et à leurs agents de s'entremettre pour procurer des nourrissons à des nourrices qui ne seraient pas munies des pièces mentionnées aux articles 27, 28, 29 et 30.

Il est défendu aux meneurs et aux meneuses de reconduire des nourrices dans leurs communes avec des nourrissons, sans qu'elles soient munies de ces pièces.

Art. 37. Les directeurs de bureaux et les logeurs de nourrices sont tenus d'avoir un registre coté et paraphé, à Paris et à Lyon, par le commissaire de police de leur quartier, et dans les autres communes par le maire. Sur ce registre doivent être inscrits les nom et prénoms, le lieu et la date de naissance, la profession et le domicile de la nourrice, le nom et la profession de son mari.

RÈGLEMENT D'ADMINISTRATION PUBLIQUE SUR LE SERVICE DE SURVEILLANCE POUR LA PROTECTION DES ENFANTS DU PREMIER AGE.

Le Président de la République française,

Vu la loi du 23 décembre 1874 sur la protection des enfants du premier âge, et notamment l'article 12, de ladite loi, ainsi conçu :

« Un règlement d'administration publique déterminera :

« 1° Les modes d'organisation du service de surveillance institué par la présente loi, l'organisation de l'inspection médicale, les attributions et les devoirs des médecins inspecteurs, le traitement de ces inspecteurs, les attributions et devoirs de toutes les personnes chargées des visites ;

« 2° Les obligations imposées aux nourrices, aux directeurs des bureaux de placement et à tous les intermédiaires du placement des enfants ;

« 3° La forme des déclarations, registres, certificats des maires et des médecins et autres pièces exigées par les règlements ; »

Sur le rapport du ministre de l'intérieur ;

Le Conseil d'Etat entendu,

Décrète :

TITRE Ier.

ORGANISATION DU SERVICE.

Art. 1er. La surveillance instituée par la loi du 23 décembre 1874 en faveur des enfants au-dessous de deux ans, placés moyennant salaire en nourrice, en sevrage ou en garde hors du domicile de leurs parents, est exercée, sous l'autorité du préfet assisté du comité départemental, par des commissions locales, par les maires, par des médecins inspecteurs, et par l'inspecteur des enfants assistés du département.

Première section. — Des commissions locales.

Art. 2. Les commissions locales instituées conformément à l'article 2 de la loi du 23 décembre 1874 sont présidées par le maire de la commune.

L'arrêté préfectoral qui institue la commission, fixe le nombre de ses membres.

La commission comprend nécessairement deux mères de famille, le curé, et, dans les communes où siége un conseil presbytéral ou un consistoire israélite, un délégué de chacun de ces conseils.

Le médecin inspecteur, nommé en exécution de l'article 5 de la loi, est convoqué aux séances des commissions de sa circonscription; il a voix consultative.

Art. 3. Les membres des commissions sont nommés et révoqués par le préfet.

Art. 4. A Paris et à Lyon, il y aura dans chaque arrondissement municipal une commission instituée conformément aux articles qui précèdent, et présidée par le maire de l'arrondissement.

Il pourra être adjoint à la commission, des visiteurs rétribués ; leur nombre et le taux de leur traitement seront déterminés par le ministre de l'intérieur, sur la proposition du préfet de police pour Paris, et du préfet du Rhône pour Lyon.

Ces visiteurs assisteront aux délibérations de la commission d'arrondissement, avec voix consultative.

Le ministre de l'intérieur pourra également instituer, sur la proposition du préfet, des visiteurs rétribués dans les autres communes où la nécessité en sera reconnue.

Art. 5. La commission se réunit au moins une fois par mois; elle peut être convoquée extraordinairement par le maire, soit d'office, soit sur la demande d'un des membres de la commission ou du médecin inspecteur.

Les séances de la commission se tiennent à la mairie.

Art. 6. La commission répartit entre ses membres la surveillance des enfants à visiter au domicile de la nourrice, sevreuse ou gardeuse.

Chaque membre doit rendre compte à la commission des faits qu'il a constatés dans ses visites périodiques.

Art. 7. Si la commission juge que la vie ou la santé d'un enfant est compromise, elle peut, après avoir mis en demeure les parents et pris l'avis du médecin inspecteur, retirer l'enfant à la nourrice, sevreuse ou gardeuse, et le placer provisoirement chez une autre personne. Elle doit, dans les vingt-quatre heures, rendre compte de sa décision au préfet et prévenir de nouveau les parents.

En cas de péril imminent, le président de la commission prend d'urgence et provisoirement les mesures nécessaires; il doit, dans les vingt-quatre heures, informer de sa décision la commission locale, le médecin inspecteur et le préfet, et avertir les parents.

Dans les communes où il n'a pas été institué de commission locale, le maire exerce les pouvoirs conférés à ces commissions par le présent article.

Les mesures prises par les autorités locales, en vertu du présent article, sont purement provisoires; le préfet statue.

Art. 8. La commission signale au préfet, dans un rapport annuel, les nourrices qui mériteraient une mention spéciale, à raison des bons soins qu'elles donnent aux enfants qui leur sont confiés.

Deuxième section. — Médecins inspecteurs.

Art. 9. Des médecins inspecteurs, institués conformément à l'article 5 de la loi, sont chargés de visiter les enfants placés en nourrice, en sevrage ou en garde dans leur circonscription.

Art. 10. Le médecin inspecteur doit se transporter au domicile de la nourrice, sevreuse ou gardeuse pour y voir l'enfant, dans la huitaine du jour où, en exécution de l'article 24 ci-après, il est prévenu par le maire de l'arrivée de l'enfant dans la commune.

Il doit ensuite visiter l'enfant au moins une fois par mois et à toute réquisition du maire.

Art. 11. Après chaque visite, le médecin inspecteur vise le carnet délivré à la nourrice, sevreuse ou gardeuse, en exécution de l'article 30 ci-après, et il y inscrit ses observations; il transmet au maire un bulletin indiquant la date et les résultats de sa visite. Ce bulletin est communiqué à la commission locale.

En cas de décès de l'enfant, il mentionne sur le bulletin la date et les causes du décès.

Art. 12. Le médecin inspecteur rend compte immédiatement au maire et au préfet des faits qu'il aurait constatés dans ses visites et qui mériteraient leur attention.

Chaque année, il adresse un rapport sur l'état général de sa circonscription au préfet, qui le communique à l'inspecteur départemental du service des enfants assistés et au comité départemental.

Art. 13. Si le médecin reconnaît, soit chez la nourrice, soit chez l'enfant, les symptômes d'une maladie contagieuse, il constate l'état de l'enfant et celui de la nourrice, et il peut faire cesser l'allaitement naturel.

Dans ce cas, ainsi que lorsqu'il constate une grossesse, il informe le maire, qui doit aviser les parents, sans préjudice, s'il y a lieu, des mesures autorisées par l'article 7.

Art. 14. Dès que le maire apprend qu'un enfant placé en nourrice ou en garde dans la commune, est malade et manque de soins médicaux, il prévient le médecin inspecteur de la circonscription, et si celui-ci est empêché, il requiert le médecin le moins éloigné de la résidence de l'enfant. Ce dernier doit, si l'enfant succombe, mentionner les causes du décès dans un bulletin spécial, ainsi qu'il est prescrit à l'article 11 pour le médecin inspecteur.

Art. 15. Les médecins inspecteurs reçoivent, à titre d'honoraires, des émoluments qui sont fixés par le ministre, sur la proposition du préfet, après avis du conseil général.

Troisième section. — De l'inspection départementale.

Art. 16. L'inspecteur du service des enfants assistés est chargé, sous l'autorité du préfet, de centraliser tous les documents relatifs à la surveillance instituée par la loi.

Chaque année, il présente un rapport sur l'exécution du service dans le département, et il rend compte du résultat de ses tournées.

Quatrième section. — Des comités départementaux.

Art. 17. Les membres des comités départementaux sont nommés pour trois ans.

Le membre qui sera nommé à la suite d'une vacance, sortira du comité au moment où serait sorti le membre qu'il a remplacé.

Les membres sortants sont rééligibles.

Art. 18. Le comité départemental élit un président et un secrétaire.

Il se réunit au moins une fois par mois. Il peut être convoqué extraordinairement par son président ou par le préfet, soit d'office, soit sur la demande d'un de ses membres.

Art. 19. Le préfet lui communique les rapports qui lui sont envoyés par les commissions locales et par les médecins inspecteurs, ainsi que le rapport d'ensemble présenté annuellement par l'inspecteur départemental.

TITRE II.

PLACEMENTS.

Première section. — De la déclaration imposée à toute personne qui place un enfant en nourrice, en sevrage ou en garde, moyennant salaire.

Art. 20. Tout officier de l'état civil qui reçoit une déclaration de naissance doit rappeler au déclarant les dispositions édictées par l'article 7 de la loi du 23 décembre 1874.

Art. 21. La déclaration prescrite par ledit article, à toute personne qui place un enfant en nourrice, en sevrage ou en garde, moyennant salaire, est inscrite sur le registre spécial prévu par l'article 10 de la loi.

Elle est signée par le déclarant.

Elle fait connaître :

1° Les nom et prénoms, le sexe, la date et le lieu de la naissance de l'enfant ;

2° S'il est baptisé ou non ;

3° Les noms, prénoms, profession et domicile des parents ;

4° Les nom, prénoms et domicile de la nourrice, sevreuse ou gardeuse à laquelle l'enfant est confié ;

5° Les conditions du contrat intervenu avec la nourrice, sevreuse ou gardeuse.

Art. 22. Le déclarant doit produire le carnet délivré à la nourrice.

Le maire qui reçoit la déclaration, transcrit sur le carnet de la nourrice les indications portées sous les n°ˢ 1, 2, 3 et 5 de l'article précédent.

Art. 23. Si l'enfant est envoyé dans une commune autre que celle où la déclaration est faite, le maire qui reçoit la déclaration en transmet copie dans les trois jours au maire de la commune où l'enfant doit être conduit (1).

Art. 24. Le maire, averti par suite d'une déclaration faite, soit par les parents, en exécution de l'article 7 de la loi, soit par la nourrice, en exécution de l'article 9, qu'un enfant est placé dans sa commune, en nourrice, en sevrage ou en garde, moyennant salaire, doit, dans les trois jours, transmettre une copie de la déclaration au médecin inspecteur de la circonscription.

Deuxième section. — Des obligations imposées aux nourrices, sevreuses et gardeuses qui prennent des enfants chez elles moyennant salaire.

Art. 25. Il est interdit à toute nourrice d'allaiter un autre enfant que son nourrisson, à moins d'une autorisation spéciale et écrite donnée par le médecin inspecteur, ou, s'il n'existe pas de médecin inspecteur dans le canton, par un docteur en médecine ou un officier de santé.

Art. 26. Nulle sevreuse ou gardeuse ne peut se charger de plus de deux enfants à la fois, à moins d'une autorisation spéciale et écrite, donnée par la commission locale et, à défaut de commission locale, par le maire.

Art. 27. Toute femme qui veut prendre chez elle un enfant en nourrice doit préalablement obtenir un certificat du maire de sa commune et un certificat médical. Elle doit, en outre, se munir du carnet spécifié à l'article 30.

Art. 28. Le certificat délivré par le maire doit être revêtu du sceau de la mairie et contenir les indications suivantes :

1° Nom, prénoms, signalement, domicile et profession de la nourrice, date et lieu de sa naissance ;

2° État civil de la nourrice, nom, prénoms et profession de son mari ;

3° Date de la naissance de son dernier enfant, et si cet enfant est vivant.

Le certificat fera connaître si le mari a donné son consentement; il contiendra les renseignements que pourra fournir le maire sur la conduite et les moyens d'existence de la nourrice, sur la salu-

---

(1) *Voir* page 23,

brité et la propreté de son habitation. Il constatera la déclaration de la nourrice, qu'elle est pourvue d'un garde-feu et d'un berceau.

Sur l'interpellation du maire, la nourrice déclarera si elle a déjà élevé un ou plusieurs enfants moyennant salaire ; elle indiquera l'époque à laquelle elle a été chargée de ces enfants, la date et la cause des retraits, et si elle est restée munie des carnets qui lui auraient été précédemment délivrés. Le maire mentionnera dans le certificat les réponses de la nourrice.

Art. 29. Le certificat médical est délivré par le médecin inspecteur, ou, à défaut de médecin inspecteur habitant la commune où réside la nourrice, par un docteur en médecine ou par un officier de santé ; il peut également être délivré dans la commune où la nourrice vient prendre l'enfant ; il est dûment légalisé et visé par le maire, il doit attester :

1° Que la nourrice remplit les conditions désirables pour élever un nourrisson ;

2° Qu'elle n'a ni infirmité, ni maladie contagieuse; qu'elle est vaccinée.

Art. 30. La carnet est délivré gratuitement à Paris, par le préfet de police ; à Lyon, par le préfet du Rhône ; dans les autres communes, par le maire.

La nourrice peut l'obtenir soit dans la commune où elle réside, soit dans celle où elle vient chercher un enfant ; dans ce dernier cas, elle doit produire le certificat du maire de sa commune.

Elle doit se pourvoir d'un carnet nouveau chaque fois qu'elle prend un nouveau nourrisson.

Le certificat délivré à la nourrice par le maire de sa commune et le certificat médical sont inscrits sur le carnet. S'ils ont été délivrés à part, ils y sont textuellement transcrits

Le carnet est disposé de manière à recevoir en outre les mentions suivantes :

1° L'extrait de l'acte de naissance de l'enfant, la date et le lieu de son baptême, les noms, profession et demeure des parents ou des ayants droit, à défaut de parents connus, la date et le lieu de la déclaration faite en exécution de l'article 7 de la loi ;

2° La composition de la layette remise à la nourrice ;

3° Les dates des payements des salaires ;

4° Le certificat de vaccine ;

5° Les dates des visites du médecin inspecteur et des membres de la commission locale avec leurs observations ;

6° Les déclarations prescrites par l'article 9 de la loi.

Le carnet reproduit le texte des articles du Code pénal, du règlement d'administration publique et du règlement particulier fait par le préfet, en exécution de l'article 12 de la loi, qui intéressent directement les nourrices, sevreuses ou gardeuses, les intermédiaires et les directeurs de bureaux de placement.

Il contient en outre des notions élémentaires sur l'hygiène du premier âge.

Art. 31. Les conditions concernant les certificats, l'inscription et le carnet sont applicables aux femmes qui veulent se charger d'enfants en sevrage ou en garde, à l'exception de la condition d'aptitude à l'allaitement au sein.

Art. 32. Si l'enfant n'a pas été vacciné, la nourrice doit le faire vacciner dans les trois mois du jour où il lui a été confié.

Art. 33. La nourrice, sevreuse ou gardeuse ne peut, sous aucun prétexte, se décharger, même temporairement, du soin d'élever l'enfant qui lui a été confié, en le remettant à une autre nourrice, sevreuse ou gardeuse, à moins d'une autorisation écrite donnée par les parents ou par le maire, après avis du médecin inspecteur.

Art. 34. La nourrice, sevreuse ou gardeuse, qui veut rendre l'enfant confié à ses soins avant qu'il lui ait été reclamé, doit en prévenir le maire.

Troisième section. — Des bureaux de nourrices, des meneurs et meneuses.

Art. 35. — La demande en autorisation d'ouvrir un bureau de nourrices ou d'exercer la profession de placer des enfants en nourrice, en sevrage où en garde, est adressée au préfet du département où le pétitionnaire est domicilié. Elle fait connaître les départements dans lesquels celui-ci se propose de prendre ou de placer des enfants.

Le préfet communique la demande aux préfets des autres départements intéressés, et s'assure de la moralité du demandeur. Il fait examiner les locaux affectés aux nourrices et aux enfants, s'il s'agit d'un bureau de placement, ou les voitures affectées au transport des nourrices et de leurs nourrissons, s'il s'agit de meneurs ou meneuses.

L'arrêté d'autorisation détermine les conditions particulières auxquelles le permissionnaire est astreint dans l'intérêt de la salubrité, des mœurs et de l'ordre public.

Ces conditions sont affichées dans l'intérieur des bureaux, ainsi que les prescriptions légales et réglementaires imposées aux directeurs de bureaux et aux meneurs ou meneuses, et les peines édictées par l'article 6 de la loi contre ceux qui refuseraient de recevoir la visite des personnes autorisées en vertu de ladite loi;

L'autorisation peut toujours être retirée.

Dans le cas où l'industrie doit être exercée dans plusieurs départements, il est donné avis de l'arrêté d'autorisation ou de l'arrêté de retrait aux préfets de tous les départements intéressés.

Art. 36. Il est interdit aux directeurs des bureaux de nourrices et à leurs agents de s'entremettre pour procurer des nourrissons à des nourrices qui ne seraient pas munies des pièces mentionnées aux articles 27, 28, 29 et 30.

Il est défendu aux meneurs et aux meneuses de reconduire des nourrices dans leurs communes avec des nourrissons, sans qu'elles soient munies de ces pièces.

Art. 37. Les directeurs de bureaux et les logeurs de nourrices sont tenus d'avoir un registre coté et paraphé, à Paris et à Lyon, par le commissaire de police de leur quartier, et dans les autres communes par le maire. Sur ce registre doivent être inscrits les nom et prénoms, le lieu et la date de naissance, la profession et le domicile de la nourrice, le nom et la profession de son mari.

Art. 38. Aucun établissement destiné à recevoir en nourrice ou en garde des enfants au-dessous de deux ans ne peut subsister ni s'ouvrir sans l'autorisation du préfet de police, dans le département de la Seine, et des préfets dans les autres départements.

L'autorisation peut toujours être retirée.

Les nourrices employées dans ces établissements sont assimilées aux nourrices sur lieu.

TITRE III.

REGISTRES.

Première section. — registre des mairies.

Art. 39. Il est ouvert dans chaque mairie deux registres destinés à recevoir, le premier, les déclarations imposées par l'article 7 de la loi à toute personne qui place, moyennant salaire, un enfant en nourrice, en sevrage ou en garde; le second, les déclarations imposées par l'article 9 à toute personne qui se charge d'un enfant dans ces conditions.

Deuxième section. — Registre des médecins inspecteurs.

Art. 40. — Le médecin inspecteur tient à jour un livre sur lequel il inscrit les nourrices, sevreuses ou gardeuses, et les enfants qui leur sont confiés.

Ce livre mentionne dans des colonnes spéciales :

1° Les noms, prénoms, professions et adresses des nourrices, sevreuses ou gardeuses ;

2° La date des deux certificats et du carnet mentionnés à l'article 27 du présent règlement ;

3° Les nom, prénoms, sexe, état civil de l'enfant, ainsi que la date et le lieu de sa naissance ;

4° La date de son placement ;

5° La date et le motif des visites du médecin étranger au service, qui aurait été appelé par la nourrice, ainsi que la date et le résultat de ses visites personnelles;

6° La date et les causes du retrait de l'enfant ou du décès, s'il a eu lieu chez la nourrice ;

7° Les observations concernant l'enfant et la nourrice, sevreuse ou gardeuse.

Troisième section. — Registre des commissions locales.

Art. 41. Le secrétaire de la commission locale devra tenir au courant un registre en deux parties, contenant d'une part, les délibérations et les décisions de la commission, et d'autre part, les noms et adresses de toutes les nourrices, sevreuses ou gardeuses de la commune, les noms des enfants qui leur sont confiés et la date des visites faites aux nourrices, sevreuses ou gardeuses, par les membres de la commission.

Le médecin inspecteur appose mensuellement son visa sur ce registre.

Art. 42. Le ministre de l'intérieur et le garde des sceaux, ministre de la justice et des cultes, sont chargés, chacun en ce qui le concerne, de l'exécution du présent décret.

Paris, le 27 février 1877.   M̀́ DE MAC MAHON.

Exécution de la loi du 23 décembre 1874, sur la protection des enfants du premier âge. — Règlement d'administration publique.

ORGANISATION DES COMMISSIONS LOCALES ET DE L'INSPECTION MÉDICALE.

Paris, le 20 mars 1877.

MONSIEUR LE PRÉFET, j'ai l'honneur de vous transmettre une ampliation du décret du 27 février dernier(1), rendu en conformité des prescriptions de l'article 12 de la loi du 23 décembre 1874, et portant règlement sur la protection des enfants du premier âge.

L'article 1er de ce règlement résume les principes généraux de la loi ; il porte que *la surveillance* instituée en faveur des *enfants au-dessous de deux ans, élevés moyennant salaire, hors du domicile de leurs parents, est exercée — sous l'autorité du préfet, assisté d'un comité départemental — par des commissions locales, par les maires, par des médecins inspecteurs et par l'inspecteur départemental des enfants assistés.*

Les 29 mars et 18 août 1875, un de mes prédécesseurs vous a invité à procéder d'urgence à la nomination et à l'installation du comité départemental. Il ne vous reste donc plus qu'à organiser les commissions locales et l'inspection médicale : c'est de ces deux objets que je me bornerai aujourd'hui à vous entretenir.

I.

Les commissions, dit la loi, sont instituées par arrêté du préfet, après avis du comité départemental, dans les parties du département où l'utilité en sera reconnue.

Votre premier soin sera donc, aussitôt après la réception du règlement ci-joint, de consulter le comité départemental. Pour le mettre en mesure de se prononcer, vous lui communiquerez le relevé statistique des enfants de un jour à deux ans, placés moyennant salaire, dans les diverses communes de votre département.

---

(1) *Voir* ci-dessus, p. 24.

Ces renseignements ne devront pas servir exclusivement de base à vos résolutions. Autant il serait exagéré d'instituer partout des comités locaux, autant il pourrait y avoir d'inconvénients à n'en former que dans quelques communes.

Au lendemain de la loi, quelques administrateurs s'étaient demandé s'il suffirait d'établir des commissions cantonales ; mes prédécesseurs ont dû les en dissuader, de peur qu'ainsi organisée, la surveillance ne répondît pas à la pensée du législateur.

En effet, chaque membre devra visiter individuellement les enfants au domicile même de la nourrice, sevreuse ou gardeuse ; les visites devront être fréquentes et inopinées ; le visiteur devra rendre compte à la commission, après chaque visite, des faits par lui constatés ; enfin, dans certains cas, et notamment si la vie ou seulement la santé des nourrissons se trouvait compromise, la commission pourrait déplacer l'enfant et le confier provisoirement à une autre personne. Cette surveillance, ou pour mieux dire, cette protection doit être de tous les instants, et si l'on veut la rendre réellement efficace, il faut la confier à des personnes qui soient en contact permanent avec l'enfant et avec ceux qui lui donnent leurs soins.

Ces considérations ont déterminé le Conseil d'État à se prononcer en faveur de l'institution de commissions par commune plutôt que de commmissions cantonales.

Le curé et deux mères de famille font nécessairement partie de ces commissions : le règlement vous laisse la faculté de décider de combien de membres elles sont composées.

Le maire en est le président ; l'instituteur, ou toute autre personne jugée apte, sera chargé des fonctions de secrétaire, et notamment de la tenue des registres, sous la responsabilité du maire. Dans les communes où siége un consistoire presbytéral ou un consistoire israélite, la commission doit comprendre un délégué de chacun de ces conseils.

Dans celles où il n'y aura pas de commission, et où cependant des enfants seront placés moyennant salaire, le maire remplira d'office les attributions mentionnées aux deux premiers paragraphes de l'article 7 du règlement. En conséquence, il devra visiter les enfants, et s'assurer que le médecin inspecteur les visite à son tour. Chargé de viser le carnet de la nourrice, de recevoir et de mentionner la déclaration de celle-ci, sur l'un des deux registres dont parle l'article 39 du règlement, il ne pourra ignorer aucun des placements effectués dans sa commune. Pour s'acquitter plus facilement de sa mission, il jugera sans doute utile de réclamer le concours d'une mère de famille. Je m'empresse, d'ailleurs, d'ajouter que cette délégation exceptionnelle faite au maire n'est autorisée par le règlement que pour le cas où la commune ne compterait qu'un nombre très-restreint d'enfants placés moyennant salaire.

II.

Après s'être occupé des commissions locales, le comité départemental examinera avec vous s'il sera nécessaire d'organiser une inspection médicale et dans quelles conditions elle devra fonctionner.

Son examen portera sur le mode de rétribution des médecins et sur le chiffre de ces rétributions.

Il faudra tenir compte du nombre des enfants et de l'importance de chaque circonscription médicale, puisque, selon l'étendue de ces circonscriptions, le médecin inspecteur aura à subir des déplacements plus fréquents et plus longs.

Ce premier travail fait, vous consulterez le conseil général sur le chiffre de la dépense, et, dès la clôture de la session d'avril, vous me soumettrez sa délibération et vos propositions personnelles pour que je puisse moi-même prendre l'avis du comité supérieur, fixer ensuite le taux des émoluments et vous autoriser à procéder aux nominations.

Sans attendre ces propositions, je fais préparer les modèles de registres, de déclarations et de certificats, et j'espère être en mesure de vous les transmettre dans les premiers jours du mois prochain. Le service pourrait ainsi fonctionner régulièrement à partir du 1er mai.

Il est un dernier point sur lequel j'appelle votre attention. L'article 20 du règlement prescrit à tout officier de l'état civil qui reçoit une déclaration de naissance, de rappeler au déclarant les dispositions édictées par l'article 7 de la loi du 23 décembre 1874 (1). Ces dispositions obligent les personnes qui placent un enfant en nourrice, en sevrage ou en garde, moyennant salaire, de le déclarer et de remettre à la nourrice le bulletin de naissance de l'enfant. Vous en ferez l'objet d'une recommandation spéciale aux maires de votre département. Pour éviter les omissions, il serait bon de faire imprimer sur les bulletins de naissance le texte de l'article 7 de la loi.

Je vous prie de m'accuser la réception de la présente circulaire. Recevez, etc.

Le président du conseil, ministre de l'intérieur,
JULES SIMON.

V. *Bulletin officiel*, années 1875, page 299.

ACADÉMIE DE MÉDECINE.

1° Pendant la première année, la seule nourriture de l'enfant doit être le lait, celui de sa mère surtout qui est toujours préférable, ou, à son défaut, celui d'une nourrice. Le sein doit être donné toutes les deux heures environ, et moins souvent la nuit.

2° A défaut de lait de femme, se servir de lait de vache ou de chèvre, tiède et d'abord coupé par moitié, puis, quelques semaines après, par quart d'eau légèrement sucrée.

3° Pour faire boire ce lait, employer des vases de verre ou de terre et les nettoyer avec soin toutes les fois qu'on s'en est servi; ne jamais se servir de vases d'étain, qui contiennent toujours du plomb; éviter l'usage des suçons de liége ou d'éponge, que l'on met quelquefois entre les lèvres de l'enfant pour calmer sa faim ou ses cris.

4° S'abstenir des compositions diverses que le commerce recommande pour remplacer le lait.

5° Se rappeler que la nourriture au biberon ou au petit pot, *sans le secours du sein*, augmente beaucoup les chances de maladie et de mort des enfants.

6° Il est très-dangereux de donner à l'enfant, dès les premiers mois surtout, une nourriture solide, pain, gâteaux, viandes, légumes, fruits.

7° Ce n'est qu'à partir du septième mois que l'on peut commencer à donner des potages, si le lait de la mère ou de la nourrice est insuffisant; mais, à la fin de la première année, il est toujours utile de donner des potages légers, faits avec du lait et du pain blanc, de la farine séchée au four, du riz, des fécules, pour préparer peu à peu l'enfant au sevrage. Ce sevrage ne doit avoir lieu qu'après la percée des douze ou seize premières dents, lorsque l'enfant est en bon état de santé et pendant le calme qui suit la sortie de plusieurs dents.

8° Chaque matin, la toilette de l'enfant doit être faite avant la mise au sein ou le repas.

Cette toilette doit se composer : 1° du lavage du corps et surtout, des organes génitaux, qui doivent toujours être tenus propres; du lavage de la tête, sur laquelle il ne faut pas laisser accumuler la crasse où les croûtes; 2° du changement du linge. La bande du ventre doit être maintenue pendant le premier mois.

9° Il faut rejeter absolument l'usage du maillot complet, qui enveloppe et serre ensemble les membres et le corps; car, plus l'enfant a de liberté dans ses mouvements, plus il devient robuste et bien conformé. Rejeter aussi tout bandage qui comprime la tête, et qui peut produire plus tard des désordres dans la santé ou l'intelligence.

10° L'enfant doit être vêtu plus ou moins chaudement, selon le pays qu'il habite et selon les saisons; mais il faut toujours le préserver avec soin du froid et des excès de chaleur, soit au dehors, soit dans l'intérieur des habitations, dans lesquelles cependant l'air doit être suffisamment renouvelé.

11° Il n'est pas prudent de sortir l'enfant avant le quinzième jour, à moins que la température ne soit très-douce.

12° Il est très-dangereux de coucher l'enfant dans le même lit que sa mère ou sa nourrice.

13° Il ne faut pas trop se hâter de faire marcher l'enfant; on doit le laisser se traîner à terre et se relever seul. Il faut donc rejeter l'usage des chariots, paniers, etc.

14° On ne doit jamais laisser sans soins, chez l'enfant, les moindres indispositions (*coliques, diarrhées, vomissements fréquents, toux, etc.*); il faut appeler un médecin dès le début d'une maladie, si elle se prolonge au delà de vingt-quatre heures.

15° En cas de grossesse présumée, toute mère ou nourrice doit cesser immédiatement de donner le sein, sous peine de compromettre la vie ou la santé de l'enfant.

16° Il est indispensable de faire vacciner l'enfant dans les trois premiers mois qui suivent sa naissance, ou même dans les premières semaines s'il règne une épidémie de petite vérole; le vaccin est le seul préservatif de cette maladie.

RECOMMANDATIONS SPÉCIALES.

La nourrice doit tenir son nourrisson avec la plus grande propreté, soit en état de santé, soit en état de maladie.

Il lui est expressément interdit :

1° De le coucher dans son propre lit;

2° D'avoir, dans la pièce où est le berceau, des animaux domestiques, chiens, chats, porcs, etc., etc.;

3° De tenir la lumière trop près du berceau.

Si les nourrices n'observent pas rigoureusement les prescriptions qui précèdent, et si leurs nourrissons sont victimes de leur négligence, elles pourront être poursuivies pour *homicide par imprudence*, condamnées à un emprisonnement de trois mois à deux ans, et à une amende de 50 francs à 600 francs, conformément à l'article 319 du Code pénal.

ANNEXES.

LOI DU 23 DÉCEMBRE 1874.

Art. 8. — Toute personne qui veut se procurer un nourrisson ou un ou plusieurs enfants en sevrage ou en garde est tenue de se munir préalablement des certificats exigés par les règlements pour indiquer son état civil et pour justifier de son aptitude à nourrir ou à recevoir des enfants en sevrage ou en garde.

....

Toute déclaration ou énonciation reconnue fausse dans lesdits certificats entraîne l'application au certificateur des peines portées au paragraphe 1er de l'article 155 du Code pénal.

RÈGLEMENT D'ADMINISTRATION PUBLIQUE.

Art. 29. — Le certificat médical est délivré par le médecin inspecteur, ou à défaut du médecin inspecteur habitant la commune où réside la nourrice, par un docteur en médecine ou par un officier de santé. Il peut également être délivré dans la commune où la nourrice vient prendre l'enfant. Il est dûment légalisé et visé par le maire; il doit attester :
1° Que la nourrice remplit les conditions désirables pour élever un nourrisson;
2° Qu'elle n'a ni infirmité, ni maladie contagieuse; qu'elle a été vaccinée.

No I.

PROTECTION DES ENFANTS DU PREMIER AGE
(Exécution de la loi du 23 décembre 1874.)

CERTIFICAT MÉDICAL

DÉLIVRÉ A UNE NOURRICE, SEVREUSE OU GARDEUSE.

Je soussigné (1) demeurant à département d certifie que la nommée (2) domiciliée à département d remplit les conditions désirables pour élever un (3) qu'elle est vaccinée, que la naissance de son dernier enfant remonte à et qu'elle n'a elle-même ni infirmité ni maladie contagieuse.

Fait à département d

le 187 .

(Signature du praticien.)

Vu pour la légalisation de la signature de M.

Sceau de la mairie.

Le

(Signature du maire.)

(1) Docteur en médecine ou officier de santé.
(2) Ajouter après les noms et prénoms de la femme ceux du mari.
(3) Nourrissons.. { au sein. / au biberon. / à la chèvre.
ou enfant en sevrage, ou en garde.

N° II.

PROTECTION DES ENFANTS DU PREMIER AGE.

(Exécution de la loi du 23 décembre 1874.)

LIVRE A SOUCHE

DES CERTIFICATS DÉLIVRÉS PAR LES MAIRES A TOUTE PERSONNE QUI VEUT SE PLACER COMME NOURRICE SUR LIEU.

Article 8 de la loi du 23 décembre 1874.

« **2° §.** Toute personne qui veut se placer comme nourrice sur lieu est tenue de se
« munir d'un certificat du maire de sa résidence, indiquant si son dernier enfant est
« vivant et constatant qu'il est âgé de sept mois révolus, ou, s'il n'a pas atteint cet âge,
« qu'il est allaité par une autre femme remplissant les conditions déterminées par le règle-
« ment d'administration publique. »

Mairie d

Département d

PROTECTION

DES ENFANTS DU PREMIER AGE.

Exécution de la loi du 23 décembre 1874, art. 8.)

N° D'ORDRE :

Date du certificat :

Noms et prénoms de l'impétrante.

Lieu et date de sa naissance.

Domicile.

État civil.

Nom et prénoms du mari.

Profession du mari.

Date de la naissance du dernier enfant de la nourrice.

Où et chez qui est-il placé ?

SIGNALEMENT de la nourrice.

Cheveux :
Front :
Sourcils :
Yeux :
Nez :
Bouche :
Oreilles :
Visage :
Taille :

(Signature du maire.)

Sceau de la mairie.

EXÉCUTION DE LA LOI DU 23 DÉCEMBRE 1874. — PROTECTION DES ENFANTS DU PREMIER AGE.

Mairie d

Département d

N° D'ORDRE DU LIVRE A SOUCHE

CERTIFICAT

DÉLIVRÉ PAR LE MAIRE A UNE NOURRICE SUR LIEU.

SIGNALEMENT de la nourrice.

Cheveux :
Front :
Sourcils :
Yeux :
Nez :
Bouche :
Oreilles :
Visage :
Taille :

Nous, soussigné, Maire de la commune de
certifions que, cejourd'hui   la
nommée   née à   département d   et dont le signalement est ci-contre, s'est présentée devant nous pour nous déclarer son intention de se placer comme nourrice sur lieu.

En réponse à nos questions, ladite
a déclaré que son mari (1)   exerçant la profession de
était consentant; que son dernier enfant, né
le   à   , ainsi que le constate l'extrait de l'acte de naissance qu'elle nous a présenté, est (2)
et placé chez la nommée   domiciliée à   département d (3)

Fait à   le   187.

(Signature du maire.)

Sceau de la mairie.

---

(1) Nom et prénoms du mari.
(2) Allaité { au sein. / au biberon. / à la chèvre.
Ou en sevrage.
Ou en garde.
(3) Indiquer si l'enfant est chez une parente de sa mère; si l'on paye pension pour lui, et, dans ce cas, si la personne à qui il est confié est munie des deux certificats et du carnet prescrits par les règlements.

N° III.

PROTECTION DES ENFANTS DU PREMIER AGE.

(Exécution de la loi du 23 décembre 1874.)

LIVRE A SOUCHE

DES CERTIFICATS DÉLIVRÉS PAR LE MAIRE AUX NOURRICES, SEVREUSES OU GARDEUSES

Article 8 de la loi du 23 décembre 1874.

« Toute personne qui veut se procurer un nourrisson ou un ou plusieurs enfants en
« sevrage ou en garde est tenue de se munir préalablement des certificats exigés par les
« règlements pour indiquer son état civil et justifier de son aptitude à nourrir ou à recevoir
« des enfants en sevrage ou en garde. »

Article 28 du règlement d'administration publique

« Le certificat délivré par le maire doit être revêtu du sceau de la mairie et contenir les
indications suivantes :
« 1° Nom, prénoms, signalement, domicile et profession de la nourrice; date et lieu de
« sa naissance;
« 2° Etat civil de la nourrice; nom, prénoms et profession de son mari;
« 3° Date de la naissance de son dernier enfant, et si cet enfant est vivant.
« Le certificat fera connaître si le mari a donné son consentement. Il contiendra les rensei-
« gnements que pourra fournir le maire sur la conduite et les moyens d'existence de la
« nourrice, sur la salubrité et la propreté de son habitation. Il constatera la déclaration de
« la nourrice qu'elle est pourvue d'un berceau et d'un garde-feu.
« Sur l'interpellation du maire, la nourrice déclarera si elle a déjà élevé un ou plusieurs
« enfants moyennant salaire; elle indiquera l'époque à laquelle elle a été chargée de ces
« enfants, la date et la cause des retraits, et si elle est restée munie des carnets qui lui
« auraient été précédemment délivrés. — Le maire mentionnera dans le certificat les
« réponses de la nourrice. »

Mairie d

Département

PROTECTION
DES ENFANTS DU PREMIER AGE.
(Exécution de la loi du 23 décembre 1874.)

N° D'ORDRE

Date du certificat :

Nom et prénoms de l'impétrante.

Date et lieu de sa naissance.

Domicile.

Est-elle { nourrice? sevreuse? gardeuse? }

État civil

Nom et prénoms du mari.

Profession du mari.

Date de la naissance du dernier enfant de la nourrice, sevreuse ou gardeuse.

Où et chez qui est-il placé ?

SIGNALEMENT
de la nourrice, sevreuse ou gardeuse.

Cheveux :
Front :
Sourcils :
Yeux :
Nez :
Bouche :
Oreilles :
Visage :
Taille :

OBSERVATIONS.

(Signature du maire.)

Sceau de la mairie.

PROTECTION DES ENFANTS DU PREMIER AGE. — EXÉCUTION DE LA LOI DU 23 DÉCEMBRE 1874.

Mairie d

Département

N° D'OR RE DU LIVRE A SOUCHE :

SIGNALEMENT.

Cheveux :
Front :
Sourcils :
Yeux :
Nez :
Bouche :
Oreilles :
Visage :
Taille :

CERTIFICAT

DÉLIVRÉ PAR LE MAIRE A UNE NOURR E, SEVREUSE OU GARDEUSE.

(Article 28 du règlement d'administration publique.)

Nous, soussigné, Maire de la commune d certifions 1° que, cejourd'hui la nommée   née à département d   le domiciliée à   département d et dont le signalement est ci-contre, s'est présentée devant nous pour nous déclarer son intention de prendre à domicile un (1)

2° Que son dernier enfant est né le   et qu'à l'appui de sa déclaration elle a produit le bulletin de naissance dudit enfant; que cet enfant est (2)

En réponse à nos questions, ladite   a déclaré que son mari   exerçant la profession de   était consentant, qu'elle avait d'ailleurs élevé   enfants, moyennant salaire, depuis   ans, et que le dernier (3)   à la date du   et qu'elle est pourvue d'un berceau et d'un garde-feu.

Le carnet qui lui   été délivré pour s précédent (4)   nourrisson

Enfin, il est à notre connaissance que la nommée   est (5)

Sceau de la mairie.

Fait à   le   187 .

(Signature du maire.)

---

(1) Nourrisson { au sein. au biberon. à la chèvre. }

Ou un enfant { en sevrage. en garde. }

(2) Indiquer si l'enfant est lui-même en nourrice, s'il est sevré, s'il est placé au dehors ou conservé par sa mère.

(3) Indiquer si l'enfant est décédé, s'il a été retiré par la famille à l'expiration du contrat ou par suite de maladie, ou pour toute autre cause.

(4) Indiquer si les carnets qui lui ont été délivrés pour ses précédents nourrissons sont ou ne sont plus en sa possession, et, dans ce dernier cas, à qui elle les a remis.

(5) Indiquer si la déclarante est de bonne conduite, si elle a des habitudes régulières, si sa maison est bien tenue et quels sont ses moyens d'existence.

DÉPARTEMENT

d ____________

ARRONDISSEMENT

d ____________

COMMUNE

d ____________

Art. 7 de la loi du 23 décembre 1874

« Toute personne qui place un
« enfant en nourrice, en sevrage
« ou en garde moyennant salaire,
« est tenue, sous les peines por-
« tées par l'article 346 du Code
« pénal, d'en faire la déclaration
« à la mairie de la commune où a
« été faite la déclaration de nais-
« sance de l'enfant, ou à la mairie
« de la résidence actuelle du dé-
« clarant, en indiquant, dans ce
« cas, le lieu de la naissance de
« l'enfant, et de remettre à la
« nourrice ou à la gardeuse un
« bulletin contenant un extrait de
« l'acte de naissance de l'enfant
« qui lui est confié. »

PROTECTION DES ENFANTS DU PREMIER AGE.

(Exécution de la loi du 23 décembre 1874.— Art. 24 du RÈGLEMENT.)

BULLETIN DE NAISSANCE

A REMETTRE A LA NOURRICE.

Extrait du Registre des actes de naissance de la Mairie d ____________

arrondissement d ____________ département d ____________

Le ____________ est né un enfant du sexe ____________

nommé ____________ prénommé ____________

fil de ____________ profession d ____________

et de ____________ profession d ____________

demeurant à ____________

A ____________ le ____________ 187 .

(Sceau de la Mairie.)

L'Officier de l'État civil,

(42)

PROTECTION DES ENFANTS DU PREMIER ÂGE.

(Exécution de la loi du 23 décembre 1874. — Art. 80 du règlement d'administration publique.)

Mairie d

Département d

> Nº D'ORDRE.

CARNET.

DE LA NOURRICE, SEVREUSE OU GARDEUSE.

de (1)   délivré le   187 ,

à Mᵐᵉ (2)
demeurant à   , département d
rue   , nº   , par le maire de la commune d
département d

(Signature du maire.)

sceau de la mairie

---

(1) Nourrice... { au sein.
{ au biberon.
{ à la chèvre.

Ou sevreuse.
Ou gardeuse.
(2) Nom et prénoms.

EXTRAIT DE L'ACTE DE NAISSANCE.

Il appert d'un bulletin de naissance délivré à la mairie de
le   18   , est né un enfant du sexe
nommé
prénommé   fil   de
profession d   et d
profession d   demeurant à

Nota. L'enfant a été baptisé à l'église de
commune d   département d
le   18

CERTIFICAT DE VACCINE.

Je soussigné
certifie que l'enfant
a été vacciné le

Fait à   , le   187 .

Signature du médecin qui a opéré la vaccination.

DATE DE LA DÉCLARATION.

La déclaration prescrite par l'article 7 de la loi a été faite le
à la mairie de

NOMS, PRÉNOMS,
PROFESSION ET DEMEURE DU DÉCLARANT.

CONDITIONS DU CONTRAT DE PLACEMENT.

Composition de la layette au moment de la location.

DÉSIGNATION DES EFFETS.	NEUFS.	VIEUX.
Totaux........................		

Signature des parents.

Signature de la nourrice.

Visa du maire.

DATES des payements.	MOTIFS des payements.	SOMMES PAYÉES.		ÉMARGEMENTS.
		En chiffres.	En toutes lettres.	

Visites du médecin inspecteur.

DATES DES INSPECTIONS.	OBSERVATIONS.

Visites du médecin désigné par la famille ou appelé par la nourrice.

Visites des membres de la commission locale.

	OBSERVATIONS ET RENSEIGNEMENTS.

Visites de l'inspecteur départemental.

N° V.

PROTECTION DES ENFANTS DU PREMIER AGE.
(Exécution de la loi du 23 décembre 1874, article 7.)

PREMIER REGISTRE DES MAIRES,
(Article 39 du règlement d'administration publique.)

DÉCLARATION DES PARENTS OU AYANTS DROIT.

Loi du 23 décembre 1874.

« Art. 7. — Toute personne qui place un enfant en
« nourrice, en sevrage ou en garde, moyennant sa-
« laire, est tenue, sous les peines portées par l'ar-
« ticle 346 du Code pénal, d'en faire la déclaration à
« la mairie de la commune où a été faite la décla-
« ration de naissance de l'enfant, ou à la mairie de
« de la résidence actuelle du déclarant, en indiquant,
« dans ce cas, le lieu de la naissance de l'enfant,
« et de remettre à la nourrice ou à la gardeuse un
« bulletin contenant un extrait de l'acte de naissance
« de l'enfant qui lui est confié.

« Art. 9. — Toute personne qui a reçu chez elle,
« moyennant salaire, un nourrisson ou un enfant en
« sevrage ou en garde, est tenue, sous les peines
« portées à l'article 346 du Code pénal :

« 1° D'en faire la déclaration à la mairie de la
« commune de son domicile, dans les trois jours do
« l'arrivée de l'enfant, et de remettre le bulletin men-
« tionné à l'article 7;

« 2° De faire en cas de changement de résidence
« la même déclaration à la mairie de sa nouvelle
« résidence;

« 3° De déclarer, dans le même délai, le retrait de
« l'enfant par ses parents ou la remise de cet enfant
« à une autre personne, pour quelque cause que cette
« remise ait lieu;

« 4° En cas de décès de l'enfant, de déclarer co
« décès dans les vingt-quatre heures.

« Après avoir inscrit ces déclarations au registre
« mentionné à l'article suivant, le maire en donne
« avis, dans le délai de trois jours, au maire de la
« commune où a été faite la déclaration prescrite
« par l'article 7.

« Le maire de cette dernière commune donne avis,
« dans le même délai, des déclarations prescrites par
« les n°° 2, 3, 4 ci-dessus, aux auteurs de la décla-
« ration de mise en nourrice, en sevrage ou en garde.

« Art. 10. — Il est ouvert dans les mairies un
« registre spécial pour les déclarations ci-dessus
« prescrites.

« Ce registre est coté, paraphé et vérifié tous les ans
« par le juge de paix. Ce magistrat fait un rapport
« annuel au procureur de la République, qui le trans-
« met au préfet, sur le résultat de cette vérification.

« En cas d'absence ou de tenue irrégulière du re-
« gistre, le maire est passible de la peine édictée à
« l'article 50 du Code civil. »

Règlement d'administration publique.

« Art. 21. — La déclaration prescrite par l'article 7
« de la loi du 23 décembre 1874 à toute personne
« qui place un enfant en nourrice, en sevrage ou en
« garde, est inscrite sur le registre spécial prévu par
« l'article 10 de la loi.

« Elle est signée par le déclarant.

....

« Art. 22. — Le déclarant doit produire le carnet
« délivré à la nourrice.

....

« Art. 23. — Si l'enfant est envoyé dans une com-
« mune autre que celle où la déclaration est faite, le
« maire qui reçoit la déclaration en transmet copie
« dans les trois jours au maire de la commune où
« l'enfant doit être conduit.

« Art. 39. — Il est ouvert dans chaque mairie deux
« registres destinés à recevoir, le premier, les décla-
« rations imposées par l'article 7 de la loi à toute
« personne qui place, moyennant salaire, un enfant
« en nourrice, en sevrage ou en garde; .... »

Mairie d

Département d

Le présent registre, contenant   feuillets, du n°   au n°   , a été co
et paraphé par nous, Juge de paix du canton d

       A   , e   187

(Signature.)

NUMÉRO D'ORDRE.	DATE de la déclaration.	NOM et prénoms de l'enfant.	SEXE.	DATE de la naissance.	LIEU de la naissance.	RELIGION des parents.	DATE et lieu du baptême.	NOM et prénoms des parents.	PROFESSION et demeure des parents.	1° NOM, prénoms et domicile de la personne qui a fait la déclaration. 2° Signature du déclarant.	INDIQUER dans cette colonne s'il y a lieu le bureau qui a procuré la nourrice aux parents.
										1° 2°	
										1° 2°	
										1° 2°	
										1° 2°	
										1° 2°	

NOMS et prénoms de la nourrice, sevreuse ou gardeuse.	ÉTAT civil.	DOMICILE.	MODE d'élevage et conditions du placement.	NUMÉRO, date et lieu de la délivrance du carnet.	DATE de la notification des déclarations au maire de la commune du domicile de la nourrice, sevreuse ou gardeuse. (Art. 23 du règlement.)	DATE et objet des notifications transmises par le maire de la commune où réside la nourrice, en vertu de l'article 9 de la loi.	DATE de la transmission des auteurs de la déclaration du placement.	OBSERVATIONS.
						1º Changement de domicile. 2º Retrait de l'enfant. 3º Décès de l'enfant.		
						1º Changement de domicile. 2º Retrait de l'enfant. 3º Décès de l'enfant.		
						1º Changement de domicile. 2º Retrait de l'enfant. 3º Décès de l'enfant.		
						1º Changement de domicile. 2º Retrait de l'enfant. 3º Décès de l'enfant.		
						1º Changement de domicile. 2º Retrait de l'enfant. 3º Décès de l'enfant.		

N° VI.

ROTECTION DES ENFANTS DU PREMIER AGE.
(Exécution de la loi du 23 décembre 1874, article 9.)

DEUXIÈME REGISTRE DES MAIRES.
(Article 39 du Règlement d'administration publique.)

DÉCLARATIONS DES NOURRICES, SEVREUSES OU GARDEUSES.

Loi du 23 décembre 1874.

« Art. 9. — Toute personne qui a reçu chez elle, « moyennant salaire, un nourrisson ou un enfant en « sevrage ou en garde, est tenue, sous les peines « portées à l'article 346 du Code pénal :

« 1° D'en faire la déclaration à la mairie de la « commune de son domicile, dans les trois jours de « l'arrivée de l'enfant, et de remettre un bulletin « contenant un extrait de l'acte de naissance de « l'enfant;

« 2° De faire en cas de changement de résidence « la même déclaration à la mairie de sa nouvelle « résidence ;

« 3° De déclarer, dans le même délai, le retrait de « l'enfant par ses parents ou la remise de cet enfant « à une autre personne, pour quelque cause que « cette remise est lieu ;

« 4° En cas de décès de l'enfant, de déclarer ce « décès dans les vingt-quatre heures.

« Après avoir inscrit ces déclarations au registre « mentionné à l'article suivant, le maire en donne « avis, dans le délai de trois jours, au maire de la « commune où a été faite la déclaration prescrite « par l'article 7 (1).

« Art. 10. — Il est ouvert dans les mairies un « registre spécial pour les déclarations ci-dessus « prescrites.

« Ce registre est coté, paraphé et vérifié tous les « ans par le juge de paix. Ce magistrat fait un rap- « port annuel au procureur de la République, qui le « transmet au préfet, sur le résultat de cette vérifi- « cation.

« En cas d'absence ou de tenue irrégulière du « registre, le maire est passible de la peine édictée « à l'article 50 du Code civil. »

Règlement d'administration publique.

« Art. 24. — Le maire, averti par suite d'une dé- « claration faite par la nourrice, en exécution de « l'article 9 de la loi, qu'un enfant est placé dans « sa commune, en nourrice, en sevrage ou en garde, « moyennant salaire, doit, dans les trois jours, « transmettre une copie de la déclaration au médecin « inspecteur de la circonscription.

« Art. 25. — Il est interdit à toute nourrice d'a- « laiter un autre enfant que son nourrisson, à moins « d'une autorisation spéciale et écrite donnée par le « médecin inspecteur, ou, s'il n'existe pas de médecin « inspecteur dans le canton, par un docteur en mé- « decine ou un officier de santé.

« Art. 26. — Nulle sevreuse ou gardeuse ne peut « se charger de plus de deux enfants à la fois, à « moins d'une autorisation spéciale et écrite donnée « par la commission locale, ou, à défaut de com- « mission locale, par le maire.

« Art. 27. — Toute femme qui veut prendre chez « elle un enfant en nourrice doit préalablement ob- « tenir un certificat du maire de sa commune et un « certificat médical. Elle doit, en outre se munir du « carnet spécifié à l'article 30.

« Art. 31. — Les conditions concernant les certifi- « cats, l'inscription et le carnet sont applicables aux « femmes qui veulent se charger d'enfants en sevrage « ou en garde.

« Art. 33. — La nourrice, sevreuse ou gardeuse « ne peut, sous aucun prétexte, se décharger, même « temporairement, du soin d'élever l'enfant qui lui a « été confié, en le remettant à une autre nourrice, « sevreuse ou gardeuse, à moins d'une autorisation « écrite donnée par les parents ou par le maire après « avis du médecin inspecteur.

« Art. 39. — Il est ouvert dans chaque mairie « deux registres destinés à recevoir, le premier… « le deuxième, les déclarations imposées par l'article 9 « à toute personne qui se charge d'un enfant en « nourrice, en sevrage ou en garde moyennant sa- « laire. »

(1) Déclaration des parents à la mairie.

Mairie d

Département d

Le présent registre, contenant   feuillets, du n°   au n°   a été
coté et paraphé par nous, Juge de paix du canton d

À   , le

(Signature.)

NOURRICE.			
Date de la déclaration.		Date de la transmission de la copie de la déclaration au médecin inspecteur de la circonscription.	
Nom et prénoms de la nourrice, sevreuse ou gardeuse.			
Date et lieu de sa naissance.			
Domicile et changement de domicile.		Date de l'avis de changement de domicile envoyé au maire de la commune où a été faite la déclaration des parents.	
État civil.		Nom, prénoms, âge et profession du mari.	
Nombre d'enfants et date de la naissance du dernier enfant.			
Est-il lui même en nourrice, en sevrage ou en garde? Chez qui?			
Date du certificat délivré à la nourrice, en exécution de l'art. 27 du règlement. Par quel maire a-t-il été délivré?			
Date du certificat médical et nom du médecin certificateur.			
Numéro, date et lieu de la délivrance du carnet. Ce carnet est-il régulièrement tenu?			
ENFANT.			
Nom, prénoms et sexe du nourrisson.		Date et lieu de la naissance.	
Noms, prénoms et professions des parents.		Désignation de la commune où les parents ou leurs représentants ont fait la déclaration prescrite par l'art. 7 de la loi, et date de cette déclaration.	
Taux du salaire mensuel et conditions du placement.			
Indiquer si l'enfant est élevé au sein, au biberon, à la chèvre ou autrement.		La déclarante est-elle autorisée à élever plus d'un enfant à la fois? Par qui? Date de l'autorisation.	
Désignation, s'il y a lieu, du bureau de nourrices qui a procuré le placement.			
Date du retrait de l'enfant.		Notification du retrait de l'enfant au maire de la commune où a été faite la déclaration des parents.	
Date du décès de l'enfant.		Notification du décès de l'enfant au maire de la commune où a été faite la déclaration des parents.	
OBSERVATIONS.			

No VII.

PROTECTION DES ENFANTS DU PREMIER AGE.

(Exécution de la loi du 23 décembre 1874.)

REGISTRE DES COMMISSIONS LOCALES.

Article 41 du règlement d'administration publique.

« Le secrétaire de la commission locale devra tenir au courant un registre en deux par-
« ties contenant, d'une part, les délibérations et les décisions de la commission, et, d'autre
« part, les noms et adresses de toutes les nourrices, sevreuses ou gardeuses de la commune,
« les noms des enfants qui leur sont confiés et la date des visites faites aux nourrices, se-
« vreuses ou gardeuses par les membres de la commission.
« Le médecin inspecteur appose mensuellement son visa sur ce registre »

Commune d

Département d

DEUXIÈME PARTIE.

NOMS des nourrices, soigneuses ou gardeuses.	DOMICILE.	DATES des certificats et date et numéro du carnet.	NOMS ET PRÉNOMS des nourrissons.	DATE du placement de l'enfant.	MODE d'élevage.	DATE des visites faites par les membres de la commission, et renvoi aux délibérations ou aux décisions dont ces visites et les rapports qui ont suivi ont été l'objet.

DEUXIÈME PARTIE.

NOMS des nourrices, sevreuses ou gardeuses.	DOMICILE.	DATES des certificats et date et numéro du carnet.	NOMS ET PRÉNOMS des nourrissons,	DATE du placement de l'enfant.	MODE d'élevage,	DATE des visites faites par les membres de la commission, et renvoi aux délibérations ou aux décisions dont ces visites et les rapports qui ont suivi ont été l'objet,

N° VIII

PROTECTION DES ENFANTS DU PREMIER AGE.
(Exécution de la loi du 23 décembre 1874.)

REGISTRE DU MÉDECIN INSPECTEUR.

Article 40 du règlement d'administration publique.

« Le médecin inspecteur tient à jour un livre sur lequel il inscrit les nourrices, sevreuses ou gardeuses, et les enfants qui leur sont confiés.

« Ce livre mentionne dans des colonnes spéciales :

« 1° Les noms, prénoms, professions et adresses des nourrices, sevreuses ou gardeuses;

« 2° La date des deux certificats et du carnet mentionnés à l'article 27 du présent règlement;

« 3° Les nom, prénoms, sexe, état civil de l'enfant, ainsi que la date et le lieu de sa naissance;

« 4° La date de son placement;

« 5° La date et le motif des visites du médecin étranger au service, qui aurait été appelé par la nourrice, ainsi que la date et le résultat de ses visites personnelles;

« 6° La date et les causes du retrait de l'enfant ou du décès, s'il a eu lieu chez la nourrice;

« 7° Les observations concernant l'enfant et la nourrice, sevreuse ou gardeuse. »

M.   , *médecin inspecteur de la circonscription d*

département d

Le présent registre, contenant   feuillets, du n°   au n°   , a été coté et paraphé par nous, Maire de la commune d

A   , le   187 .

(Signature.)

Sceau de la mairie.

NOMS ET PRÉNOMS de la nourrice, sevreuse ou gardeuse.	PROFESSION et domicile.	DATE du certificat du maire.	DATE du certificat médical.	NUMÉRO et date du carnet.	NOM ET PRÉNOMS de l'enfant.	SEXE.	ÉTAT CIVIL de l'enfant.	DATE de la naissance de l'enfant.

LIEU de naissance de l'enfant.	DATE du placement.	MODE d'élevage.	DATES des visites médicales. (Indiquer à la colonne d'observations celles de ces visites qui auraient été faites par un médecin étranger au service.)	DATE et causes du retrait de l'enfant.	DATE et causes du décès s'il a eu lieu chez la nourrice.	OBSERVATIONS.

PROTECTION DES ENFANTS DU PREMIER AGE.

(Exécution de la loi du 23 décembre 1874. — Art. 7.)

DÉPARTEMENT

d________________

ARRONDISSEMENT

d________________

COMMUNE

d________________

DUPLICATA
d'une déclaration faite
à la Mairie.

Le Maire d ________________ a l'honneur de commu

niquer à Monsieur le Maire de la commune d ________________

copie de la déclaration ci-après, qui lui a été faite le________________

187 .

En conformité de l'article 7 de la loi du 23 décembre 1874

l soussigné déclare placer en ________________ un enfant d

sexe ________ nommé ________ prénommé ________

________________ né le ________________

à ________________, arrondissement d ________________

département d________________ fil ________________

de ________________ profession

d________________ domicilié à ________________

département d ________________ et de ________

________________ profession d ________________

L'enfant a été baptisé le ________________ a l'é

glise d ________________ commune d ________________

département d ________________

L'enfant est placé chez la nommée ________________

domiciliée à ________________ département d________________

Les conditions du contrat sont les suivantes :

____

____

____

____

Pour copie conforme :

A________________, le ________________ 187

LE MAIRE,

N° IX.

Établissement de

DIRECTEUR : M.

———

Commune d
Département d

———

PROTECTION DES ENFANTS DU PREMIER AGE,
(Exécution de la loi du 23 décembre 1874.)

———

REGISTRE
es directeurs de bureaux de nourrices ou logeurs de nourrices.

Art. 11 de la loi. — « Nul ne peut ouvrir ou diriger un bureau de nourrices, ni exercer la profession d'intermédiaire pour le placement des enfants en nourrice, en sevrage ou en garde et le louage des nourrices, sans en avoir obtenu l'autorisation préalable du préfet de police, dans le département de la Seine, ou du préfet dans les autres départements,

« Toute personne qui exerce, sans autorisation, l'une ou l'autre de ces professions, ou qui néglige de se conformer aux conditions de l'autorisation ou aux prescriptions des règlements est punie d'une amende de seize francs à cent francs (16 francs à 100 francs). En cas de récidive, la peine d'emprisonnement prévue par l'article 480 du Code pénal peut être prononcée.

« Ces mêmes peines sont applicables à toute sage-femme et à tout autre intermédiaire qui entreprend, sans autorisation, de placer des enfants en nourrice, en sevrage ou en garde.

« Si, par suite de la contravention, ou par suite d'une négligence de la part d'une nourrice ou d'une gardeuse, il est résulté un dommage pour la santé d'un ou de plusieurs enfants, la peine de l'emprisonnement de un à cinq jours peut être prononcée.

« En cas de décès d'un enfant, l'application des peines portées à l'article 319 du Code pénal peut être prononcée. »

Art. 35 du règlement d'administration publique. — « La demande en autorisation d'ouvrir un bureau de nourrices ou d'exercer la profession de placer les enfants en nourrice, en sevrage ou en garde, est adressée au préfet du département où le pétitionnaire est domicilié. Elle fait connaître les départements dans lesquels celui-ci se propose de prendre ou de placer des enfants.

« Le préfet communique la demande aux préfets des autres départements intéressés, et s'assure de la moralité du demandeur. Il fait examiner les locaux affectés aux nourrices et aux enfants, s'il s'agit d'un bureau de placement, ou les voitures affectées au transport des nourrices et de leurs nourrissons, s'il s'agit de meneurs ou de meneuses.

« L'arrêté d'autorisation détermine les conditions particulières auxquelles le permissionnaire est astreint dans l'intérêt de la salubrité, des mœurs et de l'ordre public.

« Ces conditions sont affichées dans l'intérieur des bureaux ainsi que les prescriptions légales et réglementaires imposées aux directeurs de bureaux et aux meneurs ou meneuses, et les peines édictées par l'article 6 de la loi contre ceux qui refuseraient de recevoir la visite des personnes autorisées en vertu de ladite loi.

« L'autorisation peut toujours être retirée,

« Dans le cas où l'industrie doit être exercée dans plusieurs départements, il est donné avis de l'arrêté d'autorisation ou de l'arrêté de retrait aux préfets de tous les départements intéressés. »

Art. 36. — « Il est interdit aux directeurs des bureaux de nourrices et à leurs agents de s'entremettre pour procurer des nourrissons à des nourrices qui ne seraient pas munies des pièces mentionnées aux articles 27, 28, 29 et 30.

« Il est défendu aux meneurs et aux meneuses de reconduire des nourrices dans leurs communes avec des nourrissons, sans qu'elles soient munies de ces pièces. »

Art. 37. — « Les directeurs de bureaux et les logeurs de nourrices sont tenus d'avoir un registre côté et paraphé, à Paris et à Lyon, par le commissaire de police de leur quartier, et dans les autres communes par le maire. Sur ce registre doivent être inscrits les nom et prénoms, le lieu et la date de naissance, la profession et le domicile d. la nourrice, le nom et la profession de son mari. »

Le présent registre, contenant   feuillets, du n°

a été côté et paraphé par nous (1)

A   , le   187

(Signature.)

(1) Maire de la commune de
ou du Commissaire de police du quartier de

Sceau
de la mairie
ou du commis-
sariat de police.

NOM et prénoms de la nourrice, serreuse ou gardeuse.	LIEU et date de la nais- sance.	PRO- FESSION et domicile.	1° DATE de la naissance de son dernier enfant — 2° Cet enfant est-il avec elle ?	DATE de l'arrivée au bureau ou chez le logeur.	NOM et pré- noms du mari.	PRO- FESSION du mari.	NOM du meneur ou de la meneuse qui a procuré la nourrice au bureau.	OBSERVATIONS. — (Indiquer dans cette colonne si la nourrice est munie des certificats et du carnet réglemen- taire, où et par qui a été délivré le car- net.)
			1°					
			2°					
			1°					
			2°					
			1°					
			2°					

OBSERVATIONS DES INSPECTEURS ADMINISTRATIFS ET DES MÉDECINS.

PROTECTION DES ENFANTS DU PREMIER AGE

TABLE DES CHAPITRES

Tous les imprimés prescrits en exécution de la loi du 23 décembre 1874 sur la protection des Enfants en bas âge sont en vente à la librairie Paul Dupont.

Paris — Impr. Paul Dupont, rue J.-J.-Rousseau, 41 Hôtel des Fermes (Cl.) 30, 3-8.

www.ingramcontent.com/pod-product-compliance
Lightning Source LLC
LaVergne TN
LVHW010408060726
842526LV00005B/1563